원로 언론인의 눈에 비친 한국 · 일본 · 인도의 예술문화

안영진의 문화기행

안 영 진 수필집

오늘의문학사

국립중앙도서관 출판예정도서목록(CIP)

안영진의 문화기행 : 안영진 수필집 / 지은이: 안영진. --
대전 : 오늘의문학사, 2018
p. ; cm

표제관련정보: 원로 언론인의 눈에 비친 한국·일본·인도의 예술문화
대전광역시와 대전문화재단에서 사업비 일부를 지원받았음
ISBN 978-89-5669-892-2 03810 : ₩15000

한국 현대 수필[韓國現代隨筆]

814.7-KDC6
895.745-DDC23 CIP2018002843

안영진의 문화기행

서문

유년기, 그러니까 「일제 말」 소학생 시절부터 나의 꿈은 소설가였다. 그래서 신문사에 입사했다. 하지만 그것은 공중에 뜬 무지개와 같은 것이어서 쉽게 손에 잡힐 리가 없었다.

기자란 쉴 새 없이 발로 뛰어야 하고 글도 문예문장이 아닌 직사체로 쓰기 때문에 소설습작에 전혀 도움이 되지 못했다. 주변에서는 나를 향해 '그 꿈을 왜 이루지 못하고 있냐?'고 묻는 이가 적지 않았다.

그때마다 나는 해명 아닌 변명으로 이렇게 얼버무려왔다. 예를 들어 소설 「불꽃」으로 유명한 '선우휘', 「쑥 이야기」의 작가 '최일남'도 신문사에 입사한 후로 이렇다 할 명작이 없지 않느냐고….

소설가의 꿈은 접었다 치고, 언론인으로서 제 몫을 해왔는가? 반문해 본다. 그러나 이 또한 일본의 「이노우에 야스시」는 요미우리 신문학예부에 있으면서도 소설 대가로 노벨문학상 후보에 올라 이목을 끌어왔다.

그렇다면 나의 꼴은 무엇이란 말인가? 뿐만 아니라 나의 언론생애는 필화, 설화, 그리고 실수투성이로 얼룩진 내 모습이어서 부끄러울 뿐이다.

필화로 말하면 유신시대, 이후락 정보부장(방북, 김일성 독대사건)의 단독보도로 세간을 놀라게 한 일, 그 바람에 기관에 연행

된 바 있고 가톨릭 대전교구 신부 인사이동에 관한 기사로 물의를 일으켰던 사건과 5공 초기 문공부 주최 편집국장회의 석상에서 허문도 차관의 엄한 훈시 도중 필자가 손을 들고 반문했다.

"국가관, 언론관, 사명감을 말씀하시는데 조금 구체적으로 말씀해 주십시오. 지금 계엄하여서 중앙지도 눈치껏 제작하는 판에 우리 지방지들은 알아서 기었습니다. 이상 무엇을 어떻게 하라는 말씀입니까?"

허 차관이 마이크를 집어던지고 퇴장하자 금시 회의장은 얼어붙었다. 이때 타사 국장들이 나에게 다가와 귓속말로 "이건 아냐! 허문도를 몰라서 그래. 자녀는 다 키웠어?"하고 걱정을 한다. 당신은 이제 끝났다는 뜻이다.

또 다음 실수사건, 프랑스 파리에서 시라크 대통령(당시, 파리시장)의 인터뷰 날짜를 이럽시리 정해놓고 이쪽에서 본사 사장에게 시라크 회견 때문에 귀국이 늦겠다고 하자 버럭 화를 내는 게 아닌가. 창간기념일이 코앞인데 무슨 소리냐며 당장 돌아오라는 이야기다. 그래서 대타로 프랑스 「안토니오스」 문화예술창작국장을 만났다. 파리에서 내다 본 「동양예술」 회견 기사로 창간호를 장식한 바 있다.

또 있다. 로마교황 취재 때엔 밀착 취재한다고 접근하다가 경호원들에게 가격 당해 광장에서 나뒹굴었던 일 등이 지금도 기억이 새롭다.

또 일본 국회의사당에서 있었던 일. 중앙 천황 부처 의자에 앉으려는 순간 「우라타」 의원이 외마디 소리를 질렀다. 「안 상! 싯게이(失敬)! 싯게이!」를 연발한다. 나는 결례를 몰라서가 아니라 묘한 충동에 객기가 발동했던 모양이다.

이밖에도 윤동주의 시 세계와 사상을 논평한 「이바라기 노리꼬」의 작품을 필자가 번역하고 출판기념회에 그녀를 초청하겠다는 약속을 지키지 못했던 일…. 이 또한 실수였다.

이렇듯 나의 언론 생애는 필화, 설화, 실수 등으로 얼룩이 져 있다. 전문성이 없음에도 토막지식을 갖고 본질을 뒤흔드는 식의 일종의 만용 같은 것 말이다.

문화부장 출신이 수십 년 정치사설, 칼럼을 맡는가하면 공청회에서 마이크를 잡는 등 어울리지 않는 행보를 해온 나날이었다. 남 앞에서 나는 잡문인생이라고 자처해왔다.

주변에선 나에게 원고지 몇 트럭을 썼을 것이라고 말하는 이가 있지만 이 또한 자랑이 못 된다. 그 아까운 황금 같은 지면을 석학이나 명사에게 할애했더라면 빛나는 신문, 독자에겐 즐거움을 주었을 것이라는 생각에서다.

지팡이에 의지하는 요즘, 만약 잡문을 쓸 기회가 있다면 반성문이나 써야 할 것 같다.

2018년 1월 안영진

목차

목 차

제3부

제4부

제1부

| 안연진 수필집 |

안 · 영 · 진 · 의 · 문 · 화 · 기 · 행

문호 '타고르'의 생애와 작품세계

내가 만난 '순교자'의 작가 金恩國씨

광복절(72주년)과 애국시인 尹東柱

일본이 자랑하는 국보적 소설가 이노우에

문단의 거성 李生珍 시인, 그의 작품의 세계를 엿보다

문호 '타고르'의 생애와 작품세계

—그의 발자취 찾아 인도엘 가다

'타고르'대학 탐방

한증막을 방불케 하는 캘커타의 1월, 한국 같으면 한창 눈보라 철인데 인도에선 찜통더위에 시달려야 했다. 내리꽂는 직사광선이 아스팔트를 눅진하게 녹여 신발 밑창에선 콜타르가 엿가래처럼 눌어붙는다.

골목엔 파리 떼가 윙윙거리고 잠자리에 들면 바퀴벌레가 체면 없이 기어드는데 그 놈과 한바탕 토닥거리다 보면 정작 청해야 할 잠은 저만치 도망쳐버린다. 누구나 인도엘 가면 겪는 일이지만 교통수단에서부터 전화사용, 밥사먹는 일, 화장실 출입에 이르기까지 뭐하나 수월한 게 없다.

택시나 인력거를 이용하고 나면 예외 없이 운전사와 아귀다툼

타고르 대학 '라빈드라 바라티' 부총장(우측)과 필자 인터뷰 사진

을 벌이는데 '미터기'라는 게 붙어 있지만 그것은 액세서리일 뿐 요금과는 아무 상관없는 부장품이다. 전화를 이용할 때도 사정은 다를 게 없으며 턱없이 요금을 더 내라고 달려든다.

요금이 올랐다거나 계산기가 고장이라는 등 온갖 구실을 붙여 올려 부른다. 이렇듯 억지와 무 경우, 뚜쟁이 짓을 하는데 이골이 난 그들이다. 식당엘 가노 마음은 편치 않다. 인도인은 용변을 보고 나서 휴지를 쓰지 않기 때문에 화장실 안엔 양동이에 물을 가득 채워놓고 그 옆에 물바가지를 매달아 놓는다.

용변 후 맨손으로 밑을 닦고 바가지로 물을 퍼서 손가락을 행구면 일은 끝난다. 반면 밑을 닦는 손은 식사 때 사용하지 않는다. 수저나 젓가락은 일체 사용하지 않기 때문에 대신 오른손 세

손가락으로 오밀조밀 음식물을 모아 먹는다.

이런 풍습을 놓고 원시적이니 비위생의 표본이라 지적을 하면 그들은 되레 화를 낸다. 휴지와 지푸라기 따위를 쓰지 않는 인도인들은 때문에 평생 치질을 모른다고 되레 큰 소리다.

각기 풍속이 다른 지구촌을 여행하는 재미란 이런 것인가. 필자는 테레사 수녀를 만난 데 이어 곧장 '타고르' 취재에 들어갔다. 타고르 하우스 정문에서 마주친 여대생의 안내로 부총장을 만나게 된 것은 행운이었다. '라빈드라 바라티' 부총장은 정장을 하고 나와 정중하게 필자를 맞았다.

'라빈드라 바라티' 부총장과의 會見

(▷ 라빈드라 부총장 ▶ 필자)

▶ 시성(詩聖) 타고르의 발자취를 취재하러 왔습니다. 서울 코리아에서.

▷ 환영합니다. 아는 대로 소개를 하지요.

▶ 타고르가 부호였다는 건 알려진 사실입니다만, 이처럼 호화스러운 생활을 한 줄은 미처 몰랐습니다.

▷ 당대 캘커타 제일가는 부호였으니까요.

▶ 이게 궁전이지 어디 보통사람 주택입니까? (웃음)

▷ 그래서 그가 거처하던 곳은 박물관으로 쓰고 나머지 공간(방)은

강의실로 사용하고 있지요.

▶ 타고르 대학이란 이 건물을 두고 하는 말인가요?

▷ 이 건물은 예술대학이고 그가 세운 대학은 좀 떨어진 지방에 따로 있지요. 여기선 문학, 음악, 희곡, 미술 등 예술학과만을 교육시키고 있지요.

▶ 타고르를 모르는 한국인은 없습니다. 저도 문학소년 시절 『아시아의 등불』을 낭랑하게 애송했고, 그의 시집 『초승달』을 옆구리에 끼고 다녔으니까요. 이곳에 와보니 더욱 감회가 새롭습니다.

▷ 잘 오셨습니다. 두루 살펴보십시오.

▶ 『아시아의 등불』이라는 시를 쓰게 된 동기를 말씀해 주십시오.

▷ 타고르가 세 번째 일본에 건너갔을 적에 조선의 애국단체와 도쿄유학생들의 간청을 따라 쓴 걸로 알려져 있습니다.

▶ 타고르는 그때 조선에 건너가려 했다고들 말합니다.

▷ 그게 사실이었던 것 같습니다. 하지만 이를 일본이 허용했을 리가 없지요.

▶ 타고르가 일본사람들로부터 크게 환대를 받고 각지를 돌며 강연까지 한 걸로 알려져 있습니다만.

▷ 맞아요. 처음엔 일인들의 친절미와 근면성, 투철한 위생관념, 섬나라 고유의 문화적 특성에 감동했던 모양입니다. 그러나 2, 3차례 방문을 하면서 그들의 위선과 침략근성을 간파하고는 격렬하게 일본을 비난하기 시작했습니다. 여기서 틈이 벌어진 것이지요.

▶ 그의 시가 동아일보(1929. 4. 2)에 게재되면서 실의에 빠졌던 조선 사람들은 크게 고무되었던 것이지요. 불심지에 불을 붙였다고나 할까요?

▷ 타고르의 심정이 그러했을 것으로 짐작합니다. 인도가 영국식민지로 있을 때마다 일본으로부터 압박 받는 코리아가 아마도 남의 일 같지 않았겠죠. 같은 피압박 민족이라는 데서 선뜻 그와 같은 시를 써 주었을 게 틀림없습니다.

▶ 일본이 타고르를 초청해서 융성한 대접을 하며 떠받든 것은 그 나름의 계산이 있었을 것입니다. 세계 앞에 자랑할 게 없는 일본으로선 타고르를 내세워 간접효과를 노렸을 게 분명합니다. 이를 테면 대리(代理) 만족 같은 것.

▷ 능히 그럴 수 있었을 겁니다. 당시 일본은 대동아공영권(大東亞共榮圈)을 내세우며 아시아의 맹주, 대표성 운운, 오만을 떨 때였으니까요.

▶ 타고르의 문학세계에 대해 한 말씀하신다면.

▷ 대문호의 철학과 작품세계를 한두 마디로 대변한다는 건 모험이겠지요. 그의 시와 소설, 희곡 미술 등은 시대사조나 유행과 무관하다고 말할 수 있습니다. 그의 작품들은 하나 같이 자연과 인생을 노래하면서 세속(世俗)적인 언어가 아닌 보다 중후한 철학과 신의 세계를 세련된 솜씨로 다듬어 승화시켰다고 흔히들 말합니다.

사상과 종교, 철학이라는 올(絲)을 갖고 세로가로 짜낸 고품질 작품이라 한다면 속된 표현이 될지 모릅니다만.

▶ 타고르의 신앙은 어떤 것이었습니까?

▷ 그는 람모험 로이가 창시한 이신교(理神敎)에 심취했던 관계로 그 기조엔 그 사상이 깔려 있다고들 하지요. 이신교는 일명 '브라머'라 부르기도 하는데 모든 중생의 아버지 또는 범천(梵天)이라 표현합니다. 다시 말하면 회교, 기독교, 불교 등 모든 종파를 망라한 합일(合一) 그 자체라는 거죠.

▶ 여담 같습니다만 예술가가 너무 잘 살면 좋은 작품이 나오지 않는다고들 합니다. 토마스 만도 이런 말을 했지요. 예술가는 아랫배에 지방질이 깔리면 작품을 쓸 수 없게 된다고.

▷ 일반적으로 그 말에 동조하는 것 같습니다.

▶ 그것에 잣대를 댄다면 타고르는 예외가 아닐까요?

▷ 매사엔 예외라는 게 있기 마련이지요. 4대 시성의 한 사람, 괴테는 백만장자였으나 『파우스트』, 『젊은 베르테르의 슬픔』 등 불후의 대작을 남겼고 화가 피카소는 말년엔 주체하지 못할 정도로 돈이 많았다는 것 아닙니까?

하지만 80세가 넘어서도 작품을 쓰고 10대 소녀와 연애를 할 만큼 정력을 과시한 걸로 알고 있습니다.

▶ 타고르는 학교 졸업장이 없다면서요? 와전인지 모르지만.

▷ 캘커타 제일가는 부호가 돈이 없어 학교엘 못 갔겠습니까? 또 공부가 싫어 그런 것도 아닐 것이고, 천재이다 보니 학교 공부가

시시했던 걸로 전해져 오고 있습니다. 런던 유학도 대학 1학년을 마치고는 도중하차했습니다. 어떻든 졸업장이 없는 것만은 틀림없습니다.

▶ 천재는 으레 괴벽 같은 걸 지닌다고들 하지요.

▷ 정규교육을 꼭 받아야 대성하는 건 아닐 것 같습니다. 역사적으로 큰 지도자와 성인(聖人)들은 정규교육을 받지 않은 경우가 왕왕 있었지요. 공맹(孔孟)을 비롯 석가, 예수, 마호메트 등이 그 예가 되겠지요. 그러니 성인과 천재는 타고나는 모양입니다.

▶ 타고르의 가족상황을 소개해 주시겠습니까?

▷ 15남매 중 14번째입니다. 그 형제들은 거의 가 예술가로 음악, 미술, 연극, 문학 그리고 철학자였지요. 모두 당대를 주름잡는 지성들이었으니까요.

▶ 타고르와 어울렸던 인물들은.

▷ 당대 유명한 예술가, 철학가들이 하우스를 찾아왔지요. 그의 생가는 당시 인도 르네상스의 요람이었다고나 할까요. 바로 이 예술대학이 그의 자택이었으니까요. 저 유명한 간디도 가끔 이곳에 들렀던 것으로 알려져 있습니다.

▶ 마하트마 간디와도 교분을 가졌군요.

▷ 외부에선 타고르 하면 시인으로만 알려져 있는 듯합니다만 소설도 썼고 그림(油畵)도 프로급이었고요. 극본(劇本)을 쓰고 몸소 주연을 맡기도 했습니다. 이따가 안내하겠습니다만 연극무대도

집안에 갇혀 놓고 있었습니다.

▶ 그가 런던 유학시절엔 영문학을 공부한 걸로 알려져 있습니다만.

▷ 아버지는 그에게 훌륭한 변호사가 되라고 권했지만 이를 마다하고 영문학에 심취하게 됩니다. 19세기 낭만파 시인 셸리, 자연주의 시인 워즈워드, 이밖에도 바이런의 시를 연구하며 창작에 몰두, 훗날 대성하기에 이릅니다.

▶ 인도국민들이 숭배하는 큰 인물들을 꼽는다면?

▷ 시대와 분야별로 많은 인걸들이 있습니다만 그러나 대체로 '석가(부처)'와 '무저항주의'로 유명한 '간디'와 후계자인 '네로', '아쇼카'왕, 이신교 창시자 '람모헌 로이', '타고르' 등 이루 헤아릴 수 없이 많습니다. 인도는 오랜 역사를 지닌 나라이기 때문이지요.

▶ 한국을 종교천국이라 하지만 인도에 와보니 더한 것 같습니다. 혹자는 인도의 빈곤을 종교 탓이라 파악하는 경향이 있는데 이점 어떻게 보십니까?

▷ 인도엔 '힌두', '이슬람', '자이나', '시크', '크리스트', '불교' 등이 공존하는데 이중 83%가 힌두교입니다. 10억의 인구 중 83%라면 굉장한 거지요. 그러나 힌두교는 딴 종교처럼 중앙집권의 교권조직이나 일정한 교리, 조직을 갖고 있지 않습니다.

그 형태 또한 다양해서 원시적인 토속신앙에서부터 의식(儀式)주의 고행(苦行)주의 신비주의 등 고도의 형이상학적 영역을 포용하는 종교형태입니다. 모든 사회제도, 의식, 관습까지를 끌어안은 그런 개념 말입니다.

▶ 그것을 배타성이 없다는 말로 받아들여도 되겠습니까?

▷ 물론이지요. 배타를 하지 않을 뿐 아니라 관용까지 서슴지 않는 종교라는 뜻이 되겠지요.

▶ 일각에선 힌두교가 배불(排佛)을 한 걸로 생각합니다만.

▷ 불교를 몰아낸 게 아니고 불교가 힌두교에 동화(同化)됐다는 게 바른 해석이 될 줄 압니다.

▶ 모든 종교를 탓하지 않고 공존한다는 건 모두를 포용하지 못했다는 뜻이 아닐까요? 역설 같습니다만.

▷ 기본적으로 힌두교는 다신교(多神教)가 돼서 그 배후엔 최고신이 존재한다는 거죠. 다시 말하면 다신교적 형태 안에서 일신교를 지향한다는 특성 말입니다.

▶ 종교에서 말하는 신(神)이나 법도는 매우 심오해서 이해하기 어렵다는 생각을 일상 하게 됩니다.

▷ 종교를 논하려면 어디 하루 이틀에 그것이 가능하겠습니까?

▶ 한국과 인도는 역사적으로 줄곧 끈끈한 정을 나눠온 사이입니다. 불교전수는 물론 '타고르'와의 관계, 또 6·25전쟁 때는 인도가 군사적으로 우리를 도와줬습니다. 그러니 앞으로 더욱 밀접한 교류가 있어야 할 줄 압니다.

▷ 물론입니다. 인도는 전통적으로 만방과 공존하려 노력해왔으니까요.

▶ 앞으로 한국대학과 자매결연을 서두를 생각은 없습니까?

▷ 기회가 닿으면 이를 추진할 생각입니다.

▶ 한국유학생을 이곳에 보내면 받아 주시겠습니까?

▷ 먹이고 재우는 건 좀 더 생각해 볼 일이지만 가르치는 일엔 최선을 다해야겠지요.

▶ 한국에 대해 아시는 것은 어떤 것들입니까?

▷ 한국은 오늘날 잘살고 있으며 또 문화대국으로 행세하는 줄로 압니다.

▶ 서울에 오실 기회는.

▷ 한 번쯤 가보고 싶습니다.

이렇게 해서 인터뷰를 마치고 나서 부총장은 앞장서 대학 내부를 친절하게 안내해 주었다. 정말 개인저택이 아니라 궁전 크기의 건물이다. 타고르가 기거하던 침실과 화려한 응접실, 연극무대와 집필실, 주방 등은 당시 호화로웠넌 그 발자취를 그대로 말해주고 있다.

화실에 걸린 1백호 크기의 타고르 초상화 앞에서 부총장과 필자는 기념 촬영을 했나. 길이 남을 사진이다. 가족들의 초상화가 전시되어 있는 화실은 미술관을 연상케 했다. '타고르' 그가 노래한 '아시아의 등불'이 떠올랐다.

〈아시아의 등불〉

일찍이 아시아(亞細亞)의 황금시기에
빛났던 등불(登燭)의 하나였던 조선.
그 등불 한 번 다시 켜지는 날에
너는 동방의 밝은 빛이 되리라.

이 시는 일제의 강압에 시달리던 우리 민족에게 희망과 용기는 물론 위로를 안겨주기에 족한 내용이었다. 이 시가 동아일보에 실리면서 '타고르'는 우리에게 선뜻 다가섰으며 다음해 〈진문학〉이 그의 인물소개를 했다.

그의 대표작이라 할 『기탄자리』, 『원정』, 『시월』 등이 소개된 건 1923년 김안서(金岸曙)에 의해서였다. '타고르'는 이렇듯 한국 문단에 큰 영향을 주었으며, 한용운(韓龍雲)의 『님의 침묵(沈默)』, 김소월(金素月)의 『진달래꽃』, 이상화(李相和)의 시가 닮았다는 평들이 설득력 있게 받아들여지고 있다.

이밖에도 그의 시집 『시월』은 백기만(白基萬)이, 소설 『승리』는 박태원(朴泰遠)에 의해, 『초승달』은 임학수(林學洙)가, 『타고르 전집(全集)』은 유령(柳玲), 『기탄자리』와 희곡『우체국』은 김양식이 각각 번역(飜譯)을 해냈다.

그는 아시아의 크나큰 등대(燈臺)요, 자존심인 동시에 특히 한

국민에겐 영원한 친구로 자리매김할 것이다. 또 캘커타까지 뛰어가 그에 관해 취재를 한 필자로선 잊지 못할 추억이 될 것이다.

<필자의 인도기행문 중에서>

타고르 초상화 앞에서 '라빈드라 바라티(좌측 두 번째)' 부총장과 필자(우측 두번째)

내가 만난 '순교자'의 작가 金恩國씨

—영어 원문으로 소설을 쓰는 실력파

'순교자(殉敎者)의 작가 김은국(金恩國 · 미국명은 Richard E Kim) 그가 미, 매사추세츠 한 시골에서 암 투병 중이라는 놀라운 소식이다. 70대 중반에 암이라니 안타깝다. 그의 소설 '순교자'는 일찍이 노벨상 후보에 올라 연 20주 전 미주 '베스트셀러' 자리를 지킨 바 있다.

그 바람에 10여 개국 언어로 번역, 지구촌 곳곳에서 크나큰 반응을 일으켰다. 40여 년 전부터 한국작가들도 '한림원' 창구를 엿보기 시작했지만 아직도 수상자를 못 냈지만…….

90년대 초 金恩國은 5 · 16 군사쿠데타를 다룬 '심판자'와 일제 식민지를 배경으로 한 '잃어버린 이름' 등을 발표한 바 있다. 시(詩)든 소설이든 쓸수록 인기가 상승하는 것은 아니어서 처녀작이 곧 대표작이 되는 경우가 있는데 김은국도 이에 해당한다고 보는 시각이 있다.

예를 들면 선우휘의 '불꽃', '한성기'의 '驛'이라던가 정훈의 '머들령'이 그렇고 '곽하신'의 소설 '新作路'가 이에 해당한다. 이점에 대해 '앵무새 죽이기'라는 소설로 유명한 미 여류작가 '하퍼리'에게 처녀작을 내고 수십 년간 왜 후속타가 없느냐고 묻자 '한 번 히트하고 나면 아래로 떨어지는 게 순리'라고 말한 적이 있다.

일본의 '기와바타(川端)'도 노벨상을 받고 나선 후속타가 없었다. 김은국은 80년대 들어 대학 강의, '헤밍웨이' 소설번역, 거기에 TV 영상물 제작 등에 몰두했다. 그는 1932년 함경도 함흥의 유복한 기독교가정에서 자랐다. 6 · 25전쟁 직전 월남, 목포고등학교를 거쳐 서울 상대에 입학했다가 전쟁 중 통역장교로 종군했고 54년 미국으로 건너갔다.

김은국은 '광장(廣場)'의 작가로 유명한 '최인훈'과 목포고교 동기라고 했다. 이 두 작가는 그래서 목포시민의 자랑거리이기도 하다. 필자가 그를 만난 건 85년으로 기억한다. 스위스 '루가노' 세계 펜(PEN) 대회 때 한국대표로 갔다가 그곳에서 만나 대화를 나눈 일이 있다.

그의 부인 '페닐로프 앤 그롤' 여사도 동석했다. 보기드문 미인이다. 대화는 미국문단의 경향과 그 자신의 활동상, 그리고 세계 PEN에 대한 이야기였다. 남들과 사사로운 일로 어울리는 일이 없다는 그가 아니던가. 만남 자체가 행운이라 여겼다.

그 다음은 88년 서울 펜대회 때 서울에서 만났고 세 번째 인터뷰 때문이었다. 그때 회견 내용을 다음과 같이 소개한다.

〈회견내용〉

▷ 스위스의 루가노 세계 펜대회 때 뵙고 한동안 KBS를 통해 선생의 왕성한 활동을 지켜봤습니다. 요즘은 어떠신가요.

▶ 요즘은 외도를 하고 있습니다. 비디오매체에 빠져 다큐멘터리 영상화작업에 몰두, 소설은 잠정휴업하고 있는 셈이지요.

▷ 소설을 영상화, 또는 녹음(錄音)하는 작업, 이것이 어쩌면 산문(散文)이 나아갈 새로운 길이란 시각이 있는 듯합니다. 일본의 노벨상 후보라던 '이노우에 야스시'도 소설의 새 방향은 영상화라 말한 적이 있지요. 어떻든 KBS가 방영한 선생의 '소련 속의 한국인'은 걸작이었습니다.

▶ 그 특집 물은 지난 4, 5월 소련 중부지역 '알마타타슈겐트' 일대에서 녹화한 것입니다. 그곳엔 소련 내 40만 우리 교민 중 30만이 모여 사는 곳입니다. 시민들의 수준은 상상했던 것보다 아주 낮았어요. 생활용품이 크게 부족한데다 배급제가 아닌데도 국가가 생산을 통제하기 때문에 돈을 갖고도 생필품을 살 수가 없었어요.

▷ 교민들이 전통 같은 걸 전승하고 있던가요?

▶ 당초 소련으로 이주한 한국인 1세 대부분은 연해주(함경도)출신

들로 이들은 빈농 출신으로 만주에 잠시 머물다가 강제이주 당했지요. 때문에 문화수준은 낮은 편이고 경어 사용 같은 건 거의 없고 어른한테도 순 반말 짓거리죠. 그 와중에 50년대부터 북한에서 망명해온 사람들이 백일잔치, 추석 풍습 같은 걸 전해줬지요.

▷ 인종차별이나 원주민과 적대감정 같은 건 없습니까?

▶ 요행이랄까 카자흐스탄과 우즈베키스탄 족이 우리와 비슷한 인종으로 언어는 몽고, 중국어의 혼합형으로 수도 '알바타'에선 남자 한국인은 원주민과 구별하기 어려워요. 때문에 인종차별과 갈등은 없다고 했습니다.

▷ 소련 내 한국교민들이 한반도를 바라보는 시각은 어떻습니까?

▶ 그들도 TV매체를 통해 한반도 상황을 비교적 상세히 알고 있었으며 주민 대부분은 소련 유학 중 잔류했거나 정치적 이유로 망명한 사람들입니다. '통일과 평화'에 공감을 하면서도 소련 속의 북한 계 사람들은 '통일은 김일성 죽을 때까지 기다려야 한다.'며 '김일성 사후엔 자신들이 돌아가 정권을 장악할 수 있다.'는 생각들이지요. 때문에 '통일은 김일성 사망 후 자기들과 협상해야 하므로 서두르지 말라'는 식이지요.

▷ 선생께선 북경도 다녀오셨지요. (당시는 미수교국)중국에 사는 우리 교민들의 생활상을 설명해 주시지요.

▶ 북경엔 지난해 7, 8월에 다녀왔습니다. 중국엔 약 2백만 명의 교민이 사는데 만주 연변엔 조선민족자치구가 있지만 생활은 중국

본토보다 못하지요. 재미있는 것은 소련 인이 중국을 다녀오거나 중국인이 소련을 다녀오면 서로 '형편없다'고 평가절하 한다는 점입니다.

소련 도시엔 차도 없고 한산하기 이를 데 없지만 뒷골목엔 암달러상이 득실거리고 젊은 세대는 고고와 디스코 바람이 한창이었습니다. 저희 취재팀은 입국과 취재에 어려움은 없었으나 돌아올 때는 가져간 차량과 카메라 등 장비일체를 놓고 와야 했습니다.

이는 소련이 우리들 신형장비에 대한 호기심과 우호라는 시각 때문이었지요. 취재성과라면 공산권의 이모저모를 서방세계에 알렸다는 점이지요.

▷ 이번 서울 세계 펜 대회에서 김 선생께서 하실 일은?

▶ 제 임무는 보다 많은 공산권 작가들을 서울로 유치하는 일입니다. 동서간의 문화교류를 하는 데엔 저 같은 심부름꾼도 필요하다는 생각입니다.

▷ 공산권 작가들이 대거 참가한다면 이념극복에 일조가 되겠지요?

▶ 제 역할은 공산권 작가를 초청하는 일인데 소련작가 중 한국계인 '아나토리 김'이 못 오게 된 것이 안타깝습니다. 그녀는 국제대회에 자주 모습을 보여 온 유명한 작가인데 얼마 전 '리스본'에서도 만났지요. 그때 서울 펜 대회에 참가할 뜻을 저에게 전했습니다.

그런데도 그가 못 오게 된 것은 소련 작가동맹이 의도적으로 제외시킨 것이 분명합니다. 연락을 해보니 '시골에 갔다.', '작품 활동을 위해 타지로 갔다.'고 했습니다. 서울펜대회의 특징은 참가국 40개국 중 공산권 문인의 참가가 의외로 많습니다.

또 공산권에는 세계 펜 부회장이며 유고 회장인 '마트베이예비치'씨와 중국문인 8명, 소련 작가동맹 소속 6명도 포함되어 있지요. 우리는 이미 북한에도 초청장을 보냈습니다. 아직 그들로부터 회신은 없지만 대회 당일까지 기다려 봐야지요.

▷ '솔제니친' 은 아직 미국에서 작품 활동을 하고 있는가요?

▶ 예. 왕성한 활동을 펼치고 있습니다.

▷ 6 · 25전쟁 당시 김 선생께선 통역장교로 종군하셨지요?

▶ 맞습니다.

▷ 전쟁체험을 했기 때문에 '순교자(殉敎者)' 와 같은 뛰어난 작품이 세상에 나왔다고 생각합니다만.

▶ 전쟁이 그 배경에 깔려 있는 건 사실입니다.

▷ 순교자는 원래 영문으로 된 것을 우리말로 번역한 것 아닙니까?

▶ 장왕록 선생께서 그것을 한국말로 번역했습니다.

▷ '순교자' 는 한 때 노벨상후보로 거론된 작품으로 1964년 오하이오 주립대학 석사학위 논문으로 쓴 영문소설이지요?

▶ 그렇습니다.

▷ 그 때 외신(外信)에선 호평들을 했고 특히 '뉴욕 타임스' 등 권위

있는 잡지에선 '도스토예프스키'와 '까뮈'의 전통을 잇는 위대한 작품이라 평했던 걸로 기억합니다. 이 평가에 이의(異議)는 없으신지요? (웃음)

▶ 작품이란 독자와 평자(評者)의 손에 넘어가면 그땐 이미 작가의 것이 아닐 수 있습니다. 주관보다는 객관적 평가를 받으니까 말입니다.

▷ '순교자' 이외에 5.16을 배경으로 한 '심판자', 일제 때를 배경으로 한 '빼앗긴 이름' 등이 있지 않습니까? 특히 순교자는 빼어난 종교 소설이라며 신(神)의 부재와 인간의 원죄(原罪)를 다룬 격조 높은 소설이라는 평들입니다. 그래서 작품을 한국인과 한국을 무대로 한국의 개별성을 서구(西歐)의 보편성과 접목시켰다는 이야기죠.

▶ '순교자'는 이제 골동품입니다.(웃음) 당시엔 센세이션을 일으켰던 게 사실입니다만. 최근 미국문단도 젊은 작가들이 대거 튀어나온 데다 세대가 바뀐 것입니다. 2차 세계대전 후 등장한 작가들처럼 '아, 이젠 이런 風'이라야 한다고 말하기도 어렵고, 여권운동 탓에 여류작가의 진출도 눈부시게 드러났어요.

▷ 일본에선 재벌급 작가도 있고 소위 인기작가의 스텝 말하자면 주식회사 형태의 작가도 있습니다. '이노우에 야스시(井上靖), '마쓰모도 세이조오(松本成張)' 등이 이에 속한다고나 할까요. 그들의 글은 지면에 따라 문체(文體)가 다른 경우가 있는데 문하생들이 대필한다는 것이지요.

▶ 미국에도 그러한 작가가 없는 것은 아닙니다. '제임스 미쉬아르

나' '스탠리 가드너' 등은 스텝을 활용하는 작가들이지요. 국장(필자)께서 지적하신 '마쓰모도 세이죠오'가 '나카소네' 수상의 연설문을 전담했다지만 '스탠리 가드너'도 조금은 외도를 했거든요.

▷ 문단 일각에선 6·25라는 큰 전쟁을 겪고서도 뛰어난 작품이 없다는 평인데 이점 한 말씀 해 주시지요.

▶ 그런 평가는 세대차에서 나온 것으로 우리로 치면 50대가 참전세대지요. 결국 그 세대 내 인물 부족이 참다운 전쟁 문학을 못 그려냈다는 이야기지요. 또 미국에선 한국 전쟁에 관한 작품을 거의 볼 수 없는데 그것은 참전숫자가 적은데다 군인에 한정되었기 때문입니다. 반면 2차 세계대전을 그린 작품은 많습니다.

▷ 북한에는 언제 다녀오셨습니까?

▶ 3년 전에 다녀왔습니다. 우선 南과 北이 마음의 장벽을 헐고 서로 열린 마음에서 목소리를 내야 합니다. 그것이 곧 통일로 가는 길인데 저의 꿈은 고향을 찾아 부모님 산소를 성묘하는 일입니다.

▷ 끝으로 향후 선생의 계획한 말씀을…….

▶ 당분간은 다큐멘터리 영상화작업에 전념할 생각입니다.

▷ 바쁘신 일정에 좋은 말씀 감사합니다.

(1998. 8. 14)

광복절(72주년)과 애국시인 尹東柱

광복 70주년을 맞아 한 · 일 관계는 날로 꼬이면서 현해탄의 물결은 사뭇 드높아간다. 「위안부 문제」, 「독도영유권 분쟁」, 「역사 교과서 왜곡」 등 때문이다. 극우파 아베정권의 독주는 우리 국민을 자극하며 동북아정세를 긴장시키고 있다.

하고 싶은 말, 문제점이 한두 가지가 아니지만 모두 접고 일본의 지성층의 목소리가 별로 들리지 않는다는데 우리는 주목한다. 본란에서는 내가 직간접으로 접한 일본의 지성들과 양심적인 인물들을 떠올려본다.

우선 애국시인 「윤동주」와 관련된 면면들을 들여다보자. 애국시인 「윤동주」가 세상을 뜬지 73주년이 되는 해다. 1917년 북간도에서 태어난 그는 용정중학교, 연희전문을 거쳐 교토(京都) 동지사대학(同志社大學) 재학 중 요절한 인물이다.

「후테이센진(不逞鮮人)」이라 해서 저 악명 높은 후쿠오카(福岡) 형무소에서 옥사를 했다. 중학교시절엔 동시(童詩)를 써오다 시로 전환한 것은 연희전문에 입학하면서부터였다.

그의 시집 「하늘과 바람과 별과 시」는 초기엔 이렇다 할 반응이 없다가 햇빛을 본 것은 국내가 아닌 일본이었으니 이는 아이러니가 아닐 수 없다. 그러니까 일인 손에 죽은 그가 사후 몇몇 일인(양심파 지성)에 의해 양명했다는 건 주목할 일이다.

그러니 일본 땅에서 먼저 명성을 얻고 그 다음 모국에서 시선을 끈 셈이다. 서울에서 본격적으로 「윤동주」를 연구하기 시작한 것은 1970년대였다. 김현과, 김윤식에 의해 그는 진가를 드러내며 특히 젊은 층에선 우상으로 떠받들기 시작했다.

하지만 그의 시가 저항시냐 아니면 서정시냐의 논의는 아직도 무성하다. 저항시로 보기엔 「첨예성이 결여된 작품」이라는 시각과 또 다른 쪽에선 격조 높은 저항시라 옹호한다.

그러니 앞으로 더 연구가 있어야 할 것이다. 「하늘을 우러러 한 점 부끄럼 없길….」 이 땅의 지도층과 식자들은 요즘도 이 시 구절을 곧잘 인용하고 있으니 「윤동주」는 어떻든 태양등과 같은 존재라 할 수 있다.

윤동주를 발굴한 일 지성들

그것은 참으로 기막힌 운명이었다. 「윤동주」는 일인 손에 죽고 일인에 의해 양명했으니 말이다. 「윤동주」를 떠올린 일본 「지성」들의 면면을 살펴보자

▲ 伊吹鄕(이부키 고오)

「윤동주」의 시를 일어로 번역, 소개한 이부키는 원작 못지않게 유려(流麗)한 솜씨를 보여 오늘날 빛을 발하고 있다.

▲ 大村童夫(오무라 마쓰오. 와세다대 교수)

어학교수인 「오무라」는 1985년 5월 14일 용정중학을 찾아가 「윤동주」 시집 한 권을 전하고 그의 묘를 찾아간 인물로 널리 알려져 있다. 그 바람에 「윤동주」 명성은 연변과 한국으로 이어졌다. 이렇듯 일본의 몇몇 지성은 우리에게 감동을 안겨다준 것이다.

▲ 茨木(이바라키 노리꼬)

「윤동주」의 시를 재평가한 여류시인이다. 그녀는 「對話」, 「茨木 이바라시 노리꼬 시집」, 「자신의 감수성 정도」, 「寸志, 詩心을 읽는다」 등의 저서를 갖고 있다. 도쿄 태생(1926년)인 그녀가 우리에게 친근감을 주는 것은 「한글(紀行)」 때문이다.

이 책에선 「윤동주」의 시를 예리하게 재단(평)하고 있을 뿐만 아니라 부여기행문에선 한국의 풍정을 기막히게 묘사하고 있다. 「윤동주」가 「다치하라(立原道造)」의 영향을 받은 경위와 시 '잠의 유혹' 등 작품전반에 걸쳐 다루고 있다.

필자는 지난 80년대 초 그녀의 「はんぐるへの旅」, 「한글기행」, 번역권을 얻어내려 방일한 적이 있다. 그녀는 「이나리」 신사 옆에 비둘기 집처럼 예쁜 2층 양옥에 살고 있었다.

필자의 청을 선선히 수락했는데도 이쪽 사정으로 아직껏 그 뜻을 이루지 못하고 오늘에 이른 점 미안하게 생각한다. 그 책을 번역, 출판기념에는 그녀를 초청하겠다고 큰 소리쳤던 필자….

「윤동주」에 대해 그녀는 또 이런 말을 했다. 기념의 「날」과 서정의 「올」로 잘 짜여 신 비단 같은 시리고 극찬을 하고 있다. 「윤동주」의 대학시절 그녀는 여고생이었으니까 같은 하늘아래 산 셈인데 만약 미리 얼굴을 알았더라면 '동주오빠!' 하고 불렀을지 모른다며 웃어넘겼다.

▲ 井手俊作(이데 준사쿠 · 서일본신문 차장)

종진 50주년 기념 특집으로 「윤동주」 생애를 신문에 대서특필한 민완기자다. 일본 문예지에 「윤동주」를 다룬 것은 「오무라」, 「이바라키」지만 신문연재란 쉽지 않은 일인데 「이데」차장은 그것을 해냈다.

거기에 「빼앗긴 詩魂」, 「尹東柱의 獄死」라는 기막힌 표제까지 달았다. 「이데」 차장은 후쿠오카 형무소와 동지사대학, 「시다카모(下鴨)」 경찰서, 국회도서관을 찾아다녔다고 필자에게 고백한 일이 있다.

그는 「윤동주」가 형무소 수감 당시 약명 미상의 주사를 맞고

미친 듯이 소리쳤다는 사실을 폭로했다. 당시 규슈(九州) 제국대학 「생체해부실험실」에선 전쟁 때 부족한 혈장 대용으로 식염수를 사용할 목적으로 생체실험을 했다는 것이다.

그러니 이는 「윤동주」의 죽음과 무관치 않다고 주장했다. 그는 또, 「윤동주」의 유족, 친인척, 향맥, 학맥을 취재 15회에 걸쳐 신문에 실었다.

「이데」차장은 그 연재한 신문을 필자에게 보내와 지금도 소중하게 보관하고 있다. 암울했던 과거사, 그 아픔을 언론인끼리 나누자는 뜻이었을 것이다. 그의 기사는 문장이 간결하고 사건추적 과정이 치밀하다는데서 대기자로 통한다.

「윤동주」의 시 세계

「이바라키 노리꼬」의 「윤동주」 시평(詩評)을 살펴본다.

「돌아와 보는 밤….」

하루의 울분을 씻을 길 없어 가만히 눈을 감으면
마음속으로 흐르는 소리
이제 사상이 능금처럼 저절로 익어 가옵니다.

「다치와라」와 「윤동주」가 능금을 바라보는 이미지는 피아노의 선율처럼 흐른다고 평한다. 물론 「윤동주」 쪽이 「다치와라」

보다 서정적 깊이가 더하지만 「다치와라」는 어떤 식으로 받아들였는가를 비교해 보았다.

자세히 읽다보면 역시 다른 점을 발견하게 되는데 「다치와라」는 음악처럼 부드럽긴 하나 핵(사상)이라할 중심부가 허약하다. 이에 비해서 윤동주의 시는 밑바닥에 힘이 깔려있을 뿐 아니라 그 내용이 중후하다.

「윤동주」는 「다치와라」 사후 그의 시를 즐겨 읽으며 겸허하게 접했던 것으로 보인다. 한 시대 한 하늘아래 살아온 지성(시인)끼리 통하는 그 어떤 선율 같은 것 말이다.

「쉽게 쓴 시」

창밖에 밤비가 속살거려
육첩방은 남의 나라

시인이란 슬픈 천명인 줄 알면서도
한 줄 시를 적어 볼까

땀내와 사랑이 포근히 담긴
보내주신 학비 봉투를 받아
대학 노트를 끼고
늙은 교수의 강의를 들으러 간다.

생각해 보면 어린 때 동무를

하나 둘씩 잃어버리고
나는 무얼 바라
나는 다만 홀로 沈澱하는 것일까.
人生은 살기 어렵다는데
詩가 이렇게 쉽게 쓰여 지는 건
부끄러운 일이다.

육첩(다다미)방은 남의 나라
창밖에 밤비가 속살거리는데
등불을 밝혀 어둠을 조금 내몰고
時代처럼 올 아침을 기다리는 최후의 나

나는 나에게 작은 손을 내밀어
눈물과 위안으로 잡는 최후의 악수

이 시 구절은 흔해 빠진 향수(鄕愁) 타령이 아니라 찡하니 가슴에 와 닿는 그 무엇이 있다. 부모님의 땀내가 절은 학비봉투 앞에서 쉽사리 시가 써진다 해서 죄책감을 느끼는 「윤동주….」

비 내리는 밤, 잠은 오질 않는데 이렇듯 시가 쉽게 써진다는 건 사치가 아니냐며 자책을 한다. 「윤동주」는 유학시절 「다치와라」, 「도조(立原道造)」의 시를 즐겼는데 연보(年譜)에서도 그것을 확인하고 흠칫 놀랬다.

「윤동주」의 시를 읽다 보면 그 서정(抒情)의 질이 「다치와라」 것과 매우 흡사하다는 것이다.

잠의 유혹 등불처럼 바람처럼 별처럼
내 목소리는 한 마디에 저기로 여기로….

누구나 능금 꽃이 피어난 후 초록 열매를 맺고 그것이 빠른 속도로 빨갛게 익어가는 것을 지켜봤을 것이다. 그리고 「다치와라」의 사진을 보면 입을 벌리고 있는데 반해 「윤동주」는 입을 꽉 다물고 있다.

이 두 사람은 예쁜 얼굴을 갖고 있다. 이들은 아직도 각각 자국의 여학생들로부터 사랑을 받으며 계속 읽혀지고 있다. 사진 상으로 드러나는 순수성은 시에서도 드러난다.

「또 다른 고향」

고향에 돌아온 날 밤에
내 백골이 따라와서 한 방에 누웠다.
어두운 우주로 통하고
하늘에선 소리처럼 바람이 불어온다.

어둠 속에 곱게 풍화 작용하는
백골을 들여다보면
눈물짓는 것이 내가 우는 것이냐
백골이 우는 것이냐
아름다운 혼이 우는 것이냐
지조 높은 개는

밤을 새워 어둠을 짖는다.

어둠을 짖는 개는
나를 쫓는 것일 게다
가자가자
쫓기는 사람처럼
백골 몰래
아름다운 또 다른 고향을 향해.

이 시는 24세 때 쓴 것으로 3년 후의 죽음을 예견한 듯한 내용이다. 크리스천인 「윤동주」의 「또 다른 고향」이란 어디를 가리키고 있는 것일까. 동요를 쓰던 시절 그는 「동주(同舟)」라는 펜, 네임을 갖고 있었다.

여기서 나는 '인간의 질이란 무엇인가? 그리고 어떻게 결정되는 것인가?'를 생각해봤다. 3년 가까운 일본 유학기간 「윤동주」의 발자취는 「이부키」의 조사에도 불구하고 그 이상 밝혀내지 못한 점이 안타깝다.

「茨木 노리꼬」

일본에서 「윤동주」의 인기는 여전하다. 무명이던 그를 일약 대시인 반열에 올려놓은 「오무라」, 「이부키」, 「이바라기」의 인기 또한 동반 상승을 하고 있다.

뿐만 아니다. 동지사대학은 명문 교토(京都)대학과 담하나 사이에 있는 자랑거리가 많은 대학으로 필자도 취재차 그곳을 찾아 간 일이 있다. 수위실에선 지금도 「윤동주」 시(팸플릿)를 방문객에게 나눠주며 동지사대학을 자랑한다.

「정지용」도 이 대학출신이지만 일본에선 「윤동주」의 인기를 따르지 못한다고 했다. 어떻든 「윤동주」는 오늘에 보란 듯이 부활하고 있는 것이다. 이밖에도 또 떠오르는 얼굴이 있다.

일본의 원로시인 「다케다(武田全)」씨가 장본인이다. 그는 일제 말 예신농업학교 교두(교감)를 거쳐 서산농림 교장(지금의 중앙고 전신 초대 교장)을 지낸 인물이다. 일찍이 예산농고, 교가와 충남 도민의 노래를 작사한 장본인이다.

「도민의 노래」

錦江邊にそびへ立つ
鷄龍山の 主峰に
のばる 朝日を 仰ぎつつ
みんは 手た手を くんで
誠の心 鍛へなむ

금강 만에 우뚝 선
계룡산 산산봉에
떠오르는 아침 해 우러러 보며
모두들 손에 손을 잡고
올곧은 심지 가다듬노라

좀 어설프지만 필자의 의역(意譯)이다. 그는 패전 후 귀국 후에도 시를 쓰며 교단에 섰다. 1970년대 그가 충남에 온 일이 있다. 일제시대 근무했던 예산농업과 서산농림을 찾았을 때 필자는 그를 만났다.

안세영 대전일보 사장과 이생진 시인의 은사이기도 하다. 이때 자리를 같이 하게 됐다. 노 시인은 옛날을 회고하는데 귀에 번쩍 띄는 사건을 말하는 게 아닌가? 「윤봉길」 의사의 유복자 윤종 씨에 관한 이야기였다.

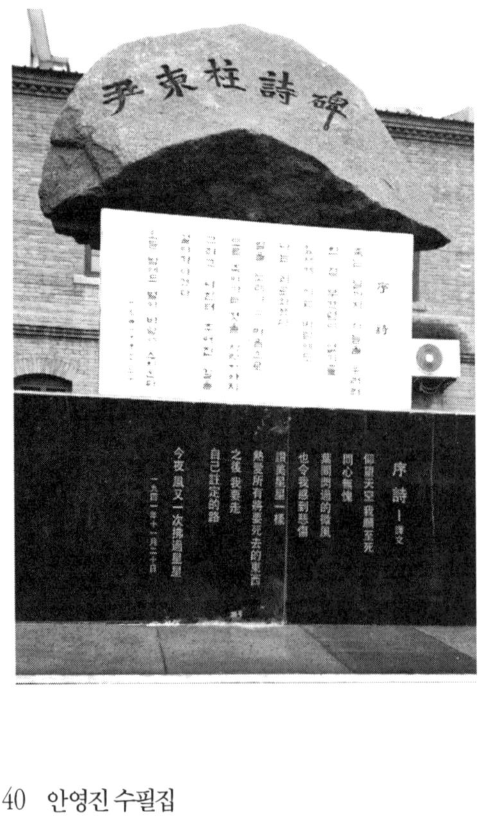

그를 학교에 입학시켰더니 경찰서장으로부터 벼락 치는 소리로 전화가 걸려오드라고 말이다. 윤종이 누구냐고 말이다.

「윤봉길」 의사하면 상해 홍구공원에서 폭탄을 던져 일본군 사령관 「백천대장」, 「마츠오카 요오스케」 등 군 지휘관과 외교관을 폭사시킨 장본인이다. 서장은 '테러리스트' 자식을 입학시켜야 되겠느냐는 항의였다.

이에 「다케다」교장은 이렇게 답했다고 회고한다. 일본 입장에서 보면 「윤봉길」은 테러리스트가 분명하지만 「윤종」은 유복자라서 아비얼굴도 모르는 처지인데 그에게 연좌제를 적용시켜서 되겠느냐고….

지금 내선일체라는 교육지표를 내거는 판인데 포용하는 의미에서도 입학을 시키는 게 옳지 않느냐고 항변을 한 것으로 유명하다. 그 후 필자는 일본을 수십 차례 취재와 학술세미나 공주와 충남도(일본의 기쿠스이, 구마모토현) 자매결연을 위해 뛰어다녔다.

「다케다」 시인은 필자가 직접 제자가 아닌데도 「오시에꼬(제자)」라며 자랑했다고 한다. 또 일본 TV에 필자가 얼굴이 비치거나 신문에 기사가 나면 무척 반가워했다고 전한다.

광복 72주년…. 일본은 패전 후 평화헌법을 내세우며 숨고르기를 하는가 싶더니 경제를 챙기고 나선 팽창주의를 추구해왔다. 그러나 오늘에 와선 아베정권의 독주 앞에 지식층의 목소리가 들리지 않는 점이 매우 유감스럽다.

일본이 자랑하는 국보적 소설가 이노우에

'누마즈'는 히즈오카현 제2의 도시로 '신간센' 고속철이 짐짓 섰다가 내닫는 이곳이 「이노우에 야스시」 고향이다. 그 역 광장에 '이노우에'의 문비가 서 있다. 그는 시인이 아니고 소설가이기 때문에 문비라 칭한다. 비문 내용은 간단하지만 읽는 이의 가슴을 뜨겁게 달군다.

[원자탄의 위력이 크다 하지만 '사랑'에 우선하는 것은 아니다]

―「이노우에 야스시」

이렇게 새겨놓고 있다. 뿐만 아니라 '누마스'엔 '이노우에' 문학관이 있어 많은 사람들이 이곳을 찾는다. 바로 이웃엔 저 유명한 서양화가 '뷔페미술관'이 있어 문화도시로서 면모를 자랑한다.

전시된 작품 중에는 세기적인 명화라 일컫는 '예수의 태형'이 이곳에 와 있다. 뿐만 아니라 '부두의 풍경'을 비롯 그 특유의 작품 수십 점을 내걸었다. 이래서 '누마스'시민들이 콧대가 높은 모양이다.

내가 '누마스'에 건너간 것은 지난 70년대 초로 기억한다. 당시 '누마스'와 대전은 유네스코 자매도시 사이였다. 처음 그곳을 방문했을 때 그들의 자랑은 대단했다. 하야시 회장은 이런 말을 했다. 「이노우에」 선생은 이 고장이 낳은 세계적인 작가이며 국제펜클럽 일본 회장이라고 억양을 높였다.

뿐만 아니라 「이노우에」 선생은 줄곧 노벨문학상 후보였다며 그의 문학관은 웅장하거나 화려한 편은 아니다. 그러나 그의 저서를 보면 놀라움을 금치 못한다. 역사소설을 비롯 현대물 심지어는 대만의 '임어당' 연구물 등 아주 다양하다.

그래서 일본 식자층에선 '가와바타 야스나리'보다 '이노우에'가 먼저 노벨상을 탔어야 했다는 여론이 빗발친 일도 있다. 그는 단편과 중편도 다수 썼지만 체질은 장편 '대하물'의 거장이라는 평을 받아왔다.

그리고 역사소설을 집필함에 있어 正史에 충실하면서도 인간의 꿈과 의지를 감칠맛 나게 묘사한다는 평을 받아왔다. 일각에선 그를 신문소설의 대가라고 말하는 이도 있다. 필자는 60년대 중반부터 그의 활약상을 대부분 짐작할 수 있었다. 동경에서 나오는 '문예춘추', '마이니치'신문 그리고 '아쿠다가와'상 수상작을 접한 바 있다.

신문사에서 구독을 했고 나 자신도 사 보았다. 그의 장편소설 '다이코 히데요시'를 읽으며 문장력과 사건처리, 그 기법에 감동한 바 있다. 임진란을 일으킨 괴수 '풍신수길'에 대한 나의 선입견은 별도로 하고 …….

이밖에도 면밀한 고증을 거친 역사소설을 많이 써냈으며 그 중에서도 「덴표의 용마루기와 天平の雄」가 유명하다. 이 소설은 8세기에 중국으로 건너가 당(唐)나라의 불교경전과 다른 예술품들을 일본으로 반입해온 일본 승려가 겪은 일을 형상화한 것이다.

「이노우에 야스시」는 이즈(伊豆)의 유가시마(湯の島)에서 대대로 의업(醫業)에 종사하던 집안에 태어났으나 '누마즈' 중학(沼津中學)을 거쳐 가나자와(金澤)의 제4고등학교를 졸업했다. 그 뒤 규슈대학(九州大學) 법문학부를 거쳐 1932년 교토대학(京都大學) 철학과로 옮겨 예술사를 전공했으며 1936년 졸업했다.

교토대학 재학 중 희곡 「메이지의 달(明治の月)(1935)」이 신바시엔부조(新橋演舞場)에서 상영되었고 역사서술 「유전(流轉)(1936)」으로 「지바 가메오」상(千葉龜雄賞)」을 수상했다.

그 뒤 「마이니치신문(每日新聞)」의 문예란 담당가자가 되어

1937년 화베이(華北)에서 잠깐 동안 군복무를 한 것을 제외하고 12년 동안 이 신문사에서 일했다. 그는 중국에서 머문 짧은 기간 동안 중국과 중국사에 대해 깊이 경도되었다.

그는 첫 소설 「엽총(獵銃)(1949년)」으로 현대사회의 고독감을 다루어 비평가들로부터 주목을 받았다. 다음 작품인 「투우(鬪牛)(1949)」로 작가적 명성을 굳건하게 다지는 동시에 1950년도 「아쿠다가와상(芥川賞)」을 수상하는 영광을 안게 되었다.

1959년도 발표된 「돈황(敦煌)」은 11세기의 중국을 재구성하면서 동시에 「돈황의 막고굴(莫高窟)」에 감추어진 불교관계, 보물, 발굴경위를 다룬 것이다.

그 밖에 대중적 성공을 거둔 작품으로는 「빙벽(氷壁)(1959)」, 「풍도(風濤)(1963)」 등이 있으며 특히 「풍도」는 몽골의 침입을 당해 온갖 풍상을 겪은 한국의 고려시대를 다룬 걸작으로 한국 내에서도 많은 독자를 갖고 있다.

단편소설집으로는 「어느 가짜 작가의 생애(或僞作家の生涯)(1951)」, 「누란(樓蘭)(1959)」이 있다. 자전적 소설로도 유명한 「이노우에」는 자신의 어머니의 몰락을 그린 감동적이고도 유머에 넘치는 「우리 어머니의 가족(我が母の記)(1982)」을 펴냈다.

이 작품은 일본식 서정적 일기의 특징을 잘 드러낸 것으로 과거의 개인적 경험과 관찰을 기록하는 문학양식인 고전적 수필 형식을 빌린 것이다. 만년의 작품인 「공자(孔子)(1989)」는 공자의 생애를 소설로 다룬 것이다.

일본의 각종 주요문학상을 두루 수상한 「이노우에」는 1976년 문화훈장을 받았으며 국보적 존재로 추앙되었다. 지난 80년대 중반 나는 그를 만나려 시도했으나 뜻을 이루지 못했다. 단독회견을 해서 신문지면을 장식해보려는 편집국장으로서의 욕심 때문이었다.

어렵사리 전화는 통했으나 그의 목소리는 떨리고 있었다. "신병 탓에 몸을 추스르기가 힘이 들어…." 미안하다는 말로 대신한다. 아쉽지만 하는 수 없었다. 그는 1907. 5. 6일 일본 홋카이도에서 태어나 1991. 1. 29. 84세로 생을 마감했다.

문단의 거성 李生珍 시인 그의 작품의 세계를 엿보다

2017년 닭의 해를 보내며 서울 소재 공군회관에서는 재경서우회 송년잔치를 가진 바 있다. 그 자리에서 시인 이생진이 자랑스런 서산인상을 받았다는 소식이다. 그는 충남 서산이 낳은 한국문단의 큰 별이다.

그의 작품세계와 생활철학을 다음과 같이 살펴본다. 이는 오래 전 대전 펜문학에 실었던 것으로 필자와의 인터뷰 내용임을 밝혀둔다.

제주도가 내 시의 원천

▶ KBS TV에서 제주도와 선생님의 관계를 여러 차례 방영하는 걸

봤습니다. 제주도를 즐겨 찾는 이유가 무엇입니까?

▷ 제주도는 내 시의 고향입니다. 내가 시를 쓰지 않았다면 제주도는 나와 멀었을 것이고 제주도가 없었으면 내 시의 절반은 얻지 못했을 것입니다. 나의 시집 『그리운 바다 성산포』(1978), 『먼 섬에 가고 싶다』(1995년), 『그리운 섬 우도에 가면』(2000) 모두 제주도에서 얻은 것이니까요.

시를 위해서 제주도만큼 밟아본 땅도 없습니다. 지금도 한두 달에 한 번씩은 제주도에 갑니다. 그것은 시 때문입니다. 그러다 보니 이젠 정이 많이 들었습니다. 처음에 해변에서부터 정이 들다가, 중 산간지방으로 깊숙이 파고들게 되었습니다. 그렇게 미쳐서 다니니 카메라가 잡아간 것이지요.

제주도는 서울에서 한 시간이면 가니까 나의 시적 환경은 한 시간만의 변화가 되는 것이지요. 시는 새로운 변화를 추구하는 것이기도 한데 그런 자연의 변화를 내주는 곳이 한국에서는 제주도만큼 강한 데가 없지요.

내가 이렇게 자주 갈 수 있다는 것만도 고마워요. 그리고 그곳에서 시를 쓰시는 분들도 고맙고요.

▶ 고향 서산엔 자주 가십니까?

▷ 어머님이 계실 때에는 자주 갔는데 이젠 한 해 한두 번 가기가 어렵군요.

▶ 고향생각이 난다면 어떤 것을 들 수 있습니까?

▷ 고향생각이라면 가난했던 생활에서 경험한 인정들이네요. 가족이 그렇고 이웃이 그렇고 내 성장이 그렇고 어려운 시대에 세워진 농림학교는 내가 사는 곳에 있었기에 내가 해야할 학업이 이어졌고 인생의 산실 같은 것이고 그것이 나를 나로 키워낸 기반이 아니었나하는 점에서 고향은 늘 고마운 정토(淨土, 情土)이지요.

고향처럼 순수하고 정이 가는 요람이 어디 있습니까. 고향을 생각하면 어머니가 생각나고 어머니가 그리워지면 고향이 그립죠.

▶ 농업학교 출신이 굳이 영문과를 나온 까닭은?

▷ 하긴 땅 한 평 없는 가정에서 농업학교에 들어가야 했다는 자체가 어긋난 일이지만 초등학교를 나오고 도시로 나갈 형편은 안되고 모험할 나이도 아니어서 집 근처에 중학교가 생긴다고 하기에 반가워서 들어간 것이지요.

그런 배움의 다리가 있었다는 것은 나에겐 다행이었어요. 농업학교에 다니면서도 공부는 문학을 했으니까요. 일제 강점 하에 국문학이란 것은 없고 농업학교에서 영어를 하려니 이건 형편없는 것이었지요. 막연히 영국의 낭만주의 시인들에 반했다고나 할까요.

그러나 그것은 겉치레였지 실제는 문학에 '문'자도 못 미치는 것이었어요. 역시 공부는 어려서부터 도시에서 하는 것인데 하고 지금도 도시에서 공부를 하는 사람들을 부러워하지요.

▶ 중학교 졸업 때 이미 영어단어 수천 개를 익혔다고 해서 주변에서는 천재라 부른 것으로 압니다만 그것이 타고난 소질 탓입니까? 아니면 노력의 결과라 생각하십니까?

▷ 그건 과정이고 천재여서도 노력이어서도 아닌 가난에 대한 울분에서 이를 갈고 덤빈 독기였다고 여깁니다. 죽음에 이르렀을 때 무엇은 못합니까.

▶ 미술을 좋아하시는 줄 알고 있습니다만, 어느 화가를 좋아하시는지요.

▷ 솔직히 말해서 시보다는 그림을 좋아하는 편이죠. 지금도 전시장에서 좋은 그림 앞에 서면 '그림을 할 걸'하는 말이 절로 나와요. 그것도 가난 때문에 좌절됐죠. 도화지보다 원고지가 쌌으니까요.

반 고호를 좋아하지요. 그것은 힘도 있고 단순하고 그의 삶의 매듭이 선 하나하나에 배어 있으니까요. 그의 '자화상'에서부터 '낮잠', '까마귀 나는 밀밭에서 오베르'까지, 그의 화첩을 항상 옆에 놓고 감상할 정도이니까요.

▶ 시를 쓰게 된 동기는 무엇이고 어느 시인을 좋아하셨나요? 국내시인과 외국시인을 들어 말씀해주시죠.

▷ 지금 생각하니 나의 잠재의식 중에 예술 쪽으로 무엇인가 하고 싶은 것이 있었는데 그것이 나의 생활환경으로는 용납이 안 되는 것이었어요. 그러나 책을 좋아하고 그림을 좋아하다 보니 발굴해 주는 환경이 아니었으니까요.

그러니 죽어라 시를 좋아할 수밖에 없었지요. 마음에 드는 시를 걸어 다니면서도 외우고 잠자다가도 외웠죠. 그것이 내게 주어진 전 생애의 과제인 것처럼.

그리고 국내 시인보다 영국시인 워즈워드, 쉘리, 바이런 코올리지, 키츠, 비교적 쉽고 사춘기에 가슴을 올리는 것들이었어요. 그리고 다시 방향을 바꿔 노천명, 한용운, 한하운, 조병화, 박목월, 이런 분들의 시를 좋아하게 됐죠.

시 창작이 바로 나의 역사

▶ 이제까지 펴낸 시집은 몇 권이나 되시는지요. 그것을 중심으로 기타의 저서도 소개해 주시지요.

▷ 시집은 23권과 수필집 편저가 각각 두 권씩 입습니다. 시집은 다음과 같습니다.

『산토끼』(1955. 자작시집)

『綠壁』(1956. 자작시집)

『洞窟畵』(1957, 자작시집)

『리발사』(1958. 자작시집)

『나의 不在』(1963. 성문사)

『바다에 오는 理由』(1972. 정진사)

『自己』(1975 대제각)

『그리운 바다 城山浦』(1984, 대제각)

『섬에 오는 이유』(1987, 혜진서관)

『詩人의 사랑』, (1988, 한국문화사)

『내 울음은 노래가 아니다』, (1990, 청하)

『섬마다 그리움이』, (1992 동천사)

『불행한 데가 닮았다』(1994, 동천사)

『서울 북한산』(1994, 평화출판사)

『동백꽃 피거든 홍도로 오라』, (1995, 평단문화사)

『일요일에 아름다운 여자』, (1997, 동천사)

『하늘에 있는 섬』(1997, 작가정신)

『거문도』, (1998, 작가정신)

『외로운 사람이 등대를 찾는다』(1999, 작가정신)

『그리운 섬 우도에 가면』, (2000, 책이 있는 마을)

『그리운 성산포』(2008-2015)

『섬사람들』(2016, 우리글)

『맹골도』(2016, 우리글)

시선집으로 『詩人과 갈매기』(1999, 우리동 사람들)가 있습니다.

수필집 및 편저도 몇 권 있습니다.

『아름다운 天才들』(1962. 신태양사)

『나는 나의 길로 가련다』(1963, 휘문출판사)

『아무도 섬에 오라고 하지 않았다』(1997. 작가정신)

『걸어다니는 물고기』(2000. 책이 있는 마을)

▶ 이중에서 가장 인상적인 저서는 어느 것이라고 생각하십니까?

▷ 그것은 1955년부터 4년간 계속해서 펴낸 네 권의 자작시집인데 조병화 시인은 『아름다운 천재들(1962)』 불문에서 이렇게 말했죠.

"1955년인가 한다. 그때 제1시집 산토끼를 보내주어서 생진씨를 알게 되었다. 장정, 삽화 그리고 내용의 프린트, 글씨까지 모두 저자 자신의 것으로 꾸며진 시집이었는데 대단히 감각적이며 시각적인 이미지들 토내로 하여 밝고 맑은 현대 생활을 그리고 있다."라고 평했지요.

그 후 제2시집 『綠壁』(1956), 제3시집 『洞窟畵』(1957), 제4시집 『理髮師』(1958), 물론 모든 것이 저자 자작으로 꾸며진 아담한 작품집이었는데 이 저자와는 안면 하나 없이 친근해왔었다고 말했죠.

나도 내 손으로 만든 시집이기에 지금도 친근감이 더 들어요. 그것들은 시 자체보다도 나의 살과 뼈를 깎아 만든 것이기 때문에 나의 가슴에 남아 있습니다.

▶ 그러니까 글자 한자 한자를 기름종이에 옮겨 써서 등사판으로 밀어서 만든 시집이라는 것이죠?

▷ 그렇습니다. 표지도 내가 그리고 제본도 내 손으로 하고, 그렇게 100에서 200부씩 만들어 친지들과 문단 선배들에게 보낸 것인데 지금 생각하면 그런 것들이 문학하는 열기를 돋궈준 것 같습니다.

▶ 『아름다운 天才들』은 나오자마자 베스트셀러였던 것으로 알고 있는데, 그걸 쓰느라고 20만 장의 책장을 넘겼다고 들었습니다. 그 책의 성격은 어떤 것입니까.

▷ 우선 그 책을 쓰게 된 동기부터 이야기하죠. 1960년대 초 문학을 좋아한다는 여학생 셋이 연쇄 자살한 것을 신문에서 읽고, 문학에 대한 의욕이 폭발하면 죽음으로 직결되는 것인가 하는 의문에서 젊은 문학도들에게 문학을 하려면 인생도 걸어야 한다는 것을 보여주고 싶었죠.

그래서 요절한 시인 작가들에게 관계된 책을 집중적으로 읽어 나가야 했던 것입니다. 그것을 읽다 보니 우선 30대 미만의 요절작가는 물론이요, 그들의 작품, 그리고 심리학을 들추지 않으면 그 글을 쓰지

선유도에서의 이생진 시인

못할 것 같아서 그 많은 책과 씨름한 것이지요.

나는 20대에 요절한 우리나라의 이상, 윤동주, 이장희, 김유정, 나도향, 허난설헌, 영국의 키이츠, 앤 부런티, 구미의 시뇨레, 라다게, 중국의 왕발(王勃), 일본의 이시카와 다쿠보쿠(石川琢木), 이분들은 30미만에 자살, 병사, 또는 익사 등이었는데, 나는 이것을 역대 노벨문학상수상자들의 대표작을 썼던 연령과 비교한 것이지요.

그들의 대표자은 평균 연령이 33-34세 때 씌어졌었어요. 그러니 생명이 길어야 완숙한 작품을 쓸 수 있다는 결론이죠. 그것을 보이고 문학을 하는 젊은이들에게 강한 정신력을 기르도록 호소하는 입장에서 그 책을 썼습니다. 열심히 썼습니다. 밤을 꼬박 새워가며 썼습니다. 신태양사에서 냈는데 나오자마자 매진됐죠.

▶ 선생께서는 중반과 후반에 산과 바다와 섬에 관한 시를 많이 쓰신 줄 아는데 거기에 대해서 한 말씀을…….

▷ 물론 초기에 있어서도 산과 바다였지요. 내 고향 서산이라는 곳이 야산이 많고 서쪽으로 야산을 벗어나면 바다 아닙니까. 그 테두리를 벗어날 수 없는 것이 작가의 의식인데 초기에는 그것이 잠재해 있다가 중반으로 오면서 표출된 것이지요.

그래서 『산토끼』(1955)로 시작한 것이 『바다에 오는』(1972), 『그리운 바다』(1972), 『그리운 바다』(1978), 그리고 최근의 『하늘에 있는 섬』(1997), 『우도에 가면』(2000)까지 온 것입니다.

▶ 선생께서는 작품을 위해서 많은 섬을 찾아다니신 줄 아는데, 우리

나라 섬 몇 곳을 답사하셨습니까.

▷ 세 본 것은 아니지만 우리나라 남한에만 3,188개의 섬이 있습니다. 그 중 1,000개는 찾아다녔을 것 같습니다.

▶ **그것들이 주는 시적 이미지는 무엇이라고 생각하십니까.**

▷ 그것은 고독이요, 유인도는 유인도 대로 사는 인생이 풍기는 고독이고, 무인도는 무인도대로 나무는 야생화든 바위든 돌이든 그 존재의 고독, 고독 속에서도 묵묵히 살아가는 것에 대한 향수 같은 것이 나를 끌어당겼죠.

헌데 그것은 내 입장이지만 외로운 섬에서 살다 자식들 다 떠나보내고 혼자 살다 그 섬에서 죽는 그것이 주는 시적 이미지는 많은 사람들이 모여서 사는 도시의 그것과는 전혀 다르지요. 그 카타르시스가 나를 사로잡은 것이지요.

▶ **거의 모든 섬을 걸어서 답사하신 줄 아는데 거기서 느낀 점은 무엇입니까.**

▷ 섬까지는 배로 건너야 하지만 일단 섬에 들어가면 걸어야 했죠. 40년 전 울릉도에는 걸어갈 길 조차 없는 곳이 많은데 그때 못 걸은 길은 최근에 와서 걸었고 제주도는 교통이 편리해도 해안 길을 두 발로 직접 걸었는데 걸어야 느끼고 생각할 여유가 생겨요.

그러니까 1,000개의 섬을 모두 걸었다고 봐야 하지요. 거기서 얻은 것이 산문집 『걸어다니는 물고기』(2000. 책이 있는 마을) 입니다. 그것은 체험으로 얻은 나의 시론이자 인생론 같은 것입니다.

▶ 그러고 보면 시인께서는 글을 쓰는데 머리와 손으로 쓴 것이 아니라 가슴과 발로 쓴 셈이네요.

▷ 그렇습니다. 그래서 나를 보고 발로 쓰는 시인이라고 하는 사람도 있지요.

시인이 많을수록 좋은 사회

▶ 그런데 시인이 너무 많다고들 합니다. 속된 말로 장꾼보다 '풍각쟁이'가 많다는 말로 표현한 현실을 어떻게 설명하시겠습니까.

▷ 시인이 많아서 걱정할 필요는 없지요. 문제는 시를 안 읽게 된 데 있죠. TV도 없었고 라디오나 컴퓨터도 없었던 시절에는 표지가 닳도록 읽은 것이 책이었는데 요즘은 24시간 볼거리와 들을 거리로 넘쳐나니 지루하게 책장을 넘기려 하지 않지요.

철학이 외면당한 지 오래인데 시라고 중요하게 여겨지겠어요. 그러니까 풍각쟁이들만이라도 자기 흥에 취하다 보면 덩달아 춤을 추는 사람도 생기는 것이지요. 물건은 사용하는 사람이 없어서 안 만드는 수가 있지만 시는 물건이 아니니까.

독자가 없다고 해도 시인이 속출한다고 하면 시는 사라질 수 없죠. 그리고 인간에게 가슴이 있는 한 시가 끊어질 염려는 없어요. 그래서 시인들은 세상을 짓눌러도 일어서려하고 시를 안 읽어도 시를 쓰는 것이지요.

그것은 세상에 가슴을 울리는 것이 있게 마련이고 그 울림이 있는 한 시가 써지니까 시의 존재는 영원한 것입니다. 그리고 그 울림에 공감하다 보면 시를 쓰게 되니까 우리 같은 사람은 돈의 매력보다는 시의 매력이 더 강하게 와 닿지요.

익살스런 이야기입니다만 '세상은 넓고 할 일은 많다'던 한 기업인에게 남은 것이 뭡니까. 한 시인이 '세상은 넓고 쓸 시는 많다'고 팔을 걷어붙였다면 사람들에게서 손가락질 당하는 일은 없었을 것입니다.

▶ 요즘엔 난해시(難解詩)가 많아서 이로 인해 시인들끼리만 아는 「암호」라고 말하는 이가 있습니다. 이에 대해 선생의 견해는?

▷ 시가 예술이 아니고 광고문, 공시문, 법조문, 계약체결을 위한 글이라면 철저하게 쉬워야 하고 양자 간의 이해가 일치하는 수준으로 표현돼야 하겠지만 시는 예술이니까 표현도 다르고 느낌도 다를 수 있습니다.

예술성을 강하게 내비치다보니 그렇게 된 것이지요. 또 하나는 자기의 개성이 강한데도 있고요. 예술은 느끼게 하는 것이지 양자 사이의 정확한 해결을 요구하는 매체는 아니니까요.

반면 독자에게도 모순이 있습니다. 독자는 시를 안 읽어서 저 아래 수준인데 시인은 고도한 지식과 심오한 지적경험으로 작업을 하니 괴리감이 있을 수밖에 없지요. 그렇다고 무턱대고 어렵기만 하면 고급 예술이라고 자부하는 것도 문제는 있습니다.

초기엔 어렵고 난삽한데 빠지다가도 살아가면서 깊이 있고 무게 있는 개성이 강한 작품으로 독자를 불러들이는 시인도 있습니다. 어렵게 쓰는 시인만을 나무랄 것은 아닙니다. 문화란 전체 시민의 수준이 높아져야 문화발전이 되는 것 아닙니까.

냉장고 세탁기만 고급을 자랑한다고 해서 문화수준이 높아진 것은 아니지요. 하지만 어렵게 표현하는 시인들의 고민 또한 없는 것은 아니지요.

예술은 꾸준한 실험과 시도의 도전에서 성숙하는 것이니까 독자들도 사다리 높이 올라간 사람의 시야를 무시할 것이 아니라 자기도 올라가 보면 그 시야를 알 수 있는 것이므로 제품의 고급화에서 만족할 것이 아니라 지적 계발에도 노력을 아끼지 말아야 하지요.

느낌을 전달하는 데는 어려운 방법도 있고 쉬운 방법도 있는데 쉽고 단순한 방법으로 느낌을 전달하는 데도 어려움이 많습니다. 시를 어렵게 쓰기도 힘들고 시를 쉽게 써서 독자를 감동시키기도 어렵습니다. 나는 후자의 경우입니다만.

▶ 문학과 문학상에 대한 견해와 더욱이 노벨문학상은?

▷ 나는 인생을 보상받는데 상이 절대적인 것이라고는 여기지 않습니다. 그리고 평가도 그것이 절대적인 평가라고 여기지도 않고요. 나는 어려서 할아버지의 손을 잡고 초등학교에 들어갈 때 즐거운 마음뿐이었지 그곳에서 상을 준다는 것은 손톱만치도 생각하지 않았습니다.

그와 마찬가지로 내가 문학을 시작할 때 이것이야 말로 내 인생의 동반자다 생각, 문학상에 도전해야 하겠다는 마음은 처음부터 없었던 일입니다. 그저 묵묵히 살아간 자들에게는 자신이 일군 보상이 있기에 그것으로 만족할 뿐이라고 생각합니다.

요즘 상은 받는 사람의 보상이라기보다 주는 사람의 권위 때문에 존재하는 것 같습니다. 남한테 포상을 받을 것이 아니라 자기 자신에게 받는 포상이 제일이라고 생각합니다. 걸핏하면 누구 상 누구 상해서 받은 사람은 없고 준 사람만 존재하는 그런 상은 지양해야 합니다.

다음은 노벨문학상 문제인데 나의 인생으로서는 첫째 언어의 장벽입니다. 그들이 이해할 수 있는 언어로 처음부터 써왔다면 혹시나 몰라도 노벨문학상 수상시기에 임박해서 작품을 번역해 내놓는다면 늦어도 한참 늦은 것이지요. 적어도 오래 전부터 그쪽 사람들에게 읽히고 화재가 되어야 하는데 그런 사전 인식이 없으니 일부러 한국의 작가들을 심사 대상으로 올려놓을 여유가 없는 것이지요.

한국 사람들의 작품도 읽을 것이 많더라 하면 그들도 눈을 돌리겠는데 언어도 그렇고 국력도 그래요. 그렇다고 아주 절망적인 것은 아닙니다. 노벨평화상도 노벨 자가 붙었으니 그들이 보는 눈도 시나, 소설 쪽으로 돌려줬으면 합니다.

아마 나의 육감으로 머지않아 한국의 누군가가 노벨문학상의 영광을 안으리라고 봅니다. 노벨문학상 작품이 벌어들이는 외화도 벤처산업 못 지 않을 텐데. 그것이 하루아침에 됩니까. 작가 개인의 책임보다도 국가 시책의 책임이 크지요,

노벨문학상은 노벨평화상보다 경제적인 면이나 지적인 면이나 외국 사람들이 우리를 보는 눈도 달라지는 것이니까요. 많은 자동차 생산 못지 않게 중요한 지적 산업이지요. 자동차는 리콜이 있어도 노벨문학상 작품은 리콜이 없어요. 그것엔 지적 신용도가 높다는 것입니다.

▶ 선생의 시집 「그리운 바다 성산포」는 나온 지 꽤 오래된 줄로 아는데 아직도 서점에 가면 푸른 표지를 하고 자리를 지키고 있습니다. 시집에 대한 이야기를 해 주시고, 시도 몇 편 소개해 주시지요.

▷ 그 시집은 제 모습이 세 번 바뀌었죠. 제일 먼저 나올 때는 『다섯 사람의 噴水』(1973 한동출판사)라고 「분수동인」이었던 윤장로, 신용대, 이봉신, 신협 그리고 나 다섯 사람이 함께 묶은 시집에 실려 있었지요.

그때 24편을 미리 발표했었습니다. 그리고 다음 책은 1978년에 신도출판사에서 81편을 묶어서 500부 한정으로 내놨습니다. 그것은 자비 출판이었지요. 그 다음 1987년부터 '동천사'에서 찍어낸 것이 오늘에 이르렀습니다.

내 시가 독자를 길게 끌어들인다는 것보다도 나는 성산포에 매료된 사람이니까 성산포 특히 일출봉에게 고마워해야 합니다. 그래서 해마다 새해 아침이면 새벽부터 일출봉에 올라가서 「그리운 바다 성산포」를 목이 터져라 낭송합니다.

새해아침에는 매해 수많은 관광객들이 모여들어 감회가 큽니다. 성산포가 소속된 남제주군에서는 나에게 명예 군민증까지 내줬으니 이 시집 때문에 제주도와 인연이 더욱 깊어졌습니다. 그러면 몇 편의 시를 소개하지요.

〈그리운 바다 성산포〉

1. 바다를 본다

성산포에서는 교장도 바다를 보고
지서장도 바다를 본다
부엌으로 들어온 바다가
아내랑 나갔는데
냉큼 돌아오지 않는다
다락문을 열고 먹을 것을
찾다가도
손이 풍덩 바다에 빠진다
성산포에서는 한 마리의 소도 빼놓지 않고
바다를 본다
한 마리의 들쥐가
구멍을 빠져 나와 다시
잠깐 바다를 본다
평생 보고만 사는 내 주제를
성산포에서는
바다가 나를 더 많이 본다

2. 설교하는 바다

성산포에서는 설교를 바다가 하고
목사는 바다를 듣는다
기도보다 더 잔잔한 바다
꽃보다 더 섬세한 바다
성산포에서는
사람보다 바다가 더 잘 산다

9. 生死

가장 살기 좋은 곳은
가장 죽기도 좋은 곳
성산포에서는
生과 死가 손을 놓지 않아
서로 떨어질 수 없다

12. 술에 취한 바다

성산포에서는
남자가 여자보다
여자가 남자보다
바다에 가깝다
나는 내 말만하고
바다는 제 말만하고

술은 내가 마시는데
취하긴 바다가 취하고
성산포에서는
바다가 술에 더 약하다

30. 바다의 오후

바다는
마을 아이들의 손을 잡고
한나절을 정신없이 놀았다
아이들이 손을 놓고
돌아간 뒤
바다는 멍하니
마을엔 빨래가 마르고
빈집 개는
하품이 잦았다
밀감나무엔
게으른 윤기가 흐르고
저기 여인의 함께 탄
버스엔 덜컹덜컹 세월이 흘렀다

47 섬 묘지

살아서 무더웠던 사람
죽어서 시원하라고

산꼭대기에 묻었다

살아서 술 좋아하던 사람
죽어서 바다에 취하라고
섬 꼭대기에 묻었다

살아서 가난했던 사람
죽어서 실컷 먹으라고
보리밭에 묻었다

53. 무명도

저 섬에서
한 달만 살자
저 섬에서
뜬 눈으로 살자
저 섬에서
한 달만
그리운 것이
없어질 때까지
뜬 눈으로 살자

80. 고독한 무덤

살아서 고독했던 사람

그 사람 무덤이 차갑다
아루미 동백꽃이
불을 피워도
살아서 가난했던 사람
그 사람 무덤이 차갑다

▶ 이 시집 말고도 제주도를 주제로 한 시집이 있는 줄 아는데요.

▷ 그건 탐라도와 마라도를 노래한 『먼 섬에 가고 싶다』(1995)이고 또 하나는 우도를 노래한 『그리운 섬 우도에 가면』(2000)이 있지요.

▶ 이번엔 제주도 도지사로부터 명예 도민증을 받으셨다는데요. 그만큼 한 지방을 시로 노래했으면 받을 만도 하지요.

▷ 그런 내가 제주도민들에게 감사해야 하지요.

▶ 그런데 고향인 서산도 시적인 데가 많을텐데. 서산에 관한 시는?

▷ 아주 없는 것은 아니지요. 더러 있습니다. 안면도, 간월도, 황조 그리고 개심사, 운산의 마애삼존불 등 그러나 내 고향을 내가 쓰는 것보다는 다른 분이 쓰기를 바랍니다.

▶ 시와 그림 즉 「시화집」도 있는 것으로 압니다.

▷ 네, 몇 권의 시집엔 그림이 들어 있습니다. 『그리운 바다 성산포』, 『山에 오는 理由』, 『내 울음은 노래가 아니다』, 『하늘에 있는 섬』, 『그리운 섬 우도에 가면』 등이 있습니다.

▶ 문학수업을 할 때 좋아했던 시인은?

▷ 아까도 말씀드렸습니다만 김소월, 노천명, 한용운, 이상, 한하운, 박목월, 조병화 이런 분들이었네요. 그리고 외국 시인으로는 릴케, 바이론, 키츠, 쉘리, 워즈워드, 예츠, 엘리옷 등이고 일본의 바쇼와 이시카와 다꾸보꾸의 시도 좋아했죠. 비교적 쉽고 외롭고 슬픈 시들을 즐겨 읽었어요. 베껴서 외웠죠.

▶ 관계하고 있는 동인지와 단체라면 어떤 것이 있습니까?

▷ 1971년에서 1990년까지 「분수」동인에 참여했었고 1987년에서 현재까지 「우이시」동인지와 시낭송을 겸하고 있지요. 그리고 2000년 12월부터는 서울 인사동에서 나와 박희진씨의 시낭송회를 갖고 있습니다.

메마른 도심에서 시의 뿌리를 내리고 싶어서 시작했지요. 매달 마지막 목요일 오후 7시에 하는데 반응이 좋습니다.

▶ 일본 구마모토에서 노(老)시인 다케다젱(武全全)씨를 만났는데 그 분은 이생진 선생을 기억하고 있었습니다. 공부도 잘했고 성실한 학생이었다고 말하데요. 그분은 해방 전 서산 농림학교 교장을 지냈지요. 그 분은 60년간 범람(氾濫)이라는 동인지를 주관하고 있었습니다. 혹 그분의 영향을 받은 것은 아니신지요.

▷ 내가 15세에서 17세 때까지 그분 곁에 있었는데 그분은 일본 전역에 걸친 「하이쿠(排句)」동인들을 모아 그들의 글을 선별해서 평도 달아주고 격려도 해서 하이쿠 잡지사 즉 동인지를 만들고 있었는데 그 열의는 대단했어요. 부인은 수필가였고요.

그분이 제2차 세계대전 때에도 자기네 전통문학에 대한 사랑이 대단하다는 것을 알았지만 그의 영향은 받지 않았다고 봅니다. 나이도 어리고 곧 해방이 되면서 나는 영문학 쪽에 흥미를 가졌으니까요.

그러나 지금 생각하면 그는 자연주의자요, 상당히 낭만주의적인 데가 있었던 것으로 기억해요. 그때 내가 문학에 눈을 떴었다면 그분에게서 많은 것을 배웠을 것 같은 생각이 들어요.

실제 그 분은 글, 시 쓰기를 좋아했습니다. 수업시간에 이런 이야기를 들은 적이 있습니다. '머리에 시가 떠오르면 참을 수 없다'던 말을…. 그리고 그 거미줄 같은 시의 맥을 잡아당기면 수십 편의 시를 쓸 수 있다던 말이 지금도 잊혀지지 않아요.

그 분은 일제 강점하의 일본인 교장이었지만 인간적으로 통하는 점이 많았습니다. 나는 가끔 그의 현실에 대한 쓴웃음을 연상할 정도이니까요.

▶ **일본 문인들은 경관지에 호화별장을 갖고 있는 이가 많습니다. 한국은 아직 그렇질 못합니다. 이 점을 어떻게 생각하십니까?**

▷ 그것은 그들의 독서 시장이 워낙 넓으니까 그런 부호(富豪)도 가능할는지 모르지만 시인의 경우 자력으로 그렇게 된 사람은 없을 걸요. 나는 부자가 못 되어 봤지만 그렇게 호화별장에 들어앉아서 좋은 시가 나올지 의문입니다.

나의 경우는 비나 새지 낳고 세 끼 중 두 끼만 거르지 않으면 그리고 시를 쓰게 내버려 둔다면 그것으로도 만족할 것 같아요.

나는 호화별장이 생기면 붓을 놓을 것 같아요.

▶ 그럼 그런 보장도 안 된다는 말인가요?

▷ 나는 40년 교편생활에서 얻은 보답으로 먹고 국내여행을 하며 글 쓸 여유가 되지만 그렇지 못한 시인들이 한국에는 대부분인데 호화별장에 흔들의자에 몸을 흔들어가며 시 쓰기란 어려울 것 같아요.

소설가들은 몰라도 오히려 그것은 죄가 될 것 같은데요. 시인은 좀 가난해야 세상이 잘 보이거든요. 우선 시인은 집보다 눈이 좋아야 해요. 썩은 눈으로는 썩은 것만 보이니까.

시는 신선해야 하지요. 신선한 시는 신선한 눈에 비치거든요. 나는 너무 가난한 것도 원하지 않지만 너무 부자인 것도 원하지 않아요.

▶ 여행을 좋아하시는 것으로 압니다. 앞으로 가보고 싶은 곳은?

▷ 여행은 내 문학의 젖줄이죠. 특히 섬 여행은 내가 걸을 수 있을 때까지 계속해야 한다는 운명적인 수행입니다. 소박하고 조용한 여행을 계속하려 합니다. 물론 섬이죠. 갔던 섬도 시가 많이 쓰였던 섬엔 몇 번이고 가고 싶습니다.

예를 들면 흑산도 남쪽에 있는 만재도라든지 그 보다 남쪽에 있는 섬 여서도 그리고 백사장이 많은 우이도, 산호백사로 눈부신 우도, 이런 곳들은 죽을 때까지 가도 싫증이 나지 않을 것 같아요.

그리고 그곳에 사는 사람들의 애환이 나의 것처럼 정답게 가슴으로 다가오지요.

사이버 문학에도 앞장서야

▶ 과학시대, 특히나 정보화시대에 있어서의 사이버 문학에 대해서 어떻게 대처하고 계신가요?

▷ 엄격하게 말해서 시도 일종의 정보입니다. 나처럼 나이 먹은 문인들 가운데는 그것을 무시하고 비켜갈 모양인데 나는 그렇지 않아요. 나는 그 물결을 타고 싶은 사람이지요. 오래 전부터 워드와 컴퓨터를 해왔어요. 오로지 글만 쓰기 위해서였지요.

지금은 개인 홈페이지(www.poet.or.kr/sj)를 열어 그곳에 글도 올리고 정보도 교환합니다. 나는 서울의 대형서점 교보나 영풍문고를 일주일에 한두 번씩 드나듭니다만, 그곳에서 내 시집을 들고 있는 사람을 한 번도 못 봤어요. 내가 책을 고르느라고 그 옆에 한 시간을 서 있어도 못 봤어요.

소위 20여 년간 스테디셀러라고 하는 『그리운 바다 성산포』까지도, 그러나 내 홈페이지에서는 하루에 100명 가량은 드나들고 있으니 매일 100명의 독자와 접한다는 것이 되지요.

그러니 내가 시 쓰는데 긴장할 수밖에 없고요. 그래서 더 열을 올리게 되고 신선하게 쓰려고 애쓰게 됩니다. 그러나 나 스스로도 신문, 잡지, 시집은 물론이요, 글을 쓸 적엔 사전, 지도, 혹은 참고문헌까지도 직접 컴퓨터 속에서 찾아 쓰니 얼마나 편리한지 몰라요.

아니 다른 시인들의 작업정보까지도 그곳에서 살필 수 있습니다. 신문은 지방지의 문화면까지 거르지 않고 검색하고 있고요. 이렇게 바르게 사용하면 정말 신기하고 고마운 것입니다만 잘못 쓰면 큰일이죠. 문인들이 발 벗고 나서서 거칠어지는 사이버문화를 바로잡아야 합니다.

곳곳에 깨끗하고 아름다운 시를 심어야지요. 우리는 편지 한 장을 쓰려고 해도 서간집을 읽고 또 읽어가며 썼는데 지금 아이들은 컴퓨터 속에 그런 지침서가 없기 때문에 글로 쓰다가 기호로 쓰다가 하지요.

어린 아이들이 자살사이트 폭발물사이트, 음란사이트 등으로 어른 모르게 빠져드는 것은 어른들의 컴퓨터 수준이 아이들보다 낮기 때문입니다. 우리들은 문화를 접할 때 순서대로 접했습니다.

어른들이나 스승들이 거치고 난 것을 받아들였기 때문에 이미 걸러진 상태에서 접했는데 컴퓨터는 아이들이 먼저 시작했으니 더러운 것을 걸러낼 여유가 없었지요.

더욱이 어른들은 그런 복잡한 것을 손대려 하지 않고 있으니 아이들은 좋고 그른 것을 가릴 것도 없이 그 속에 있는 것은 다 꺼내 써도 된다는 식이지요. 컴퓨터에는 무엇부터 꺼내 써야 하는지 순서가 없습니다.

그것은 어른들이 모르니까 그럴 겨를이 없었던 것이지요. 그렇다면 빨리 들어가 어른으로서의 교통정리를 해야 합니다.

좋게 쓰면 한없이 좋은 것이지만 나쁘게 이용하면 한 없이 나쁜 데로 빠지게 되는 것이 컴퓨터입니다. 현실공간에서는 아이들이 나쁜 짓을 하면 즉시 눈에 띄는데 사이버공간에서는 그것이 세균처럼 눈에 띄질 않거든요.

그것이 현실공간으로 나왔다 하면 그땐 이미 늦은 것이지요. 나는 글을 쓰거나 원고 전송 때문에 PC방을 방문할 때가 있는데 어느 방이나 담배연기가 뿌옇고 10대들이 대부분인데도 그들이 무엇을 하나 하고 옆을 보면 대개가 오락게임에 몰두하고 있었어요.

왜 이런 난리를 방치하는지 모르겠습니다. 우리나라에 컴퓨터가 많이 공급된 것은 사실인데 그것을 바로 잡지 않으면 그만큼 병폐가 심하리라고 봅니다.

그런 혼탁한 속에서도 문학이나 기타 예술분야에서 홈페이지를 관리하고 있는 것은 위안은 되지만 그 수는 아주 미약하죠. 빨리 어른들이 컴퓨터 상자 속을 눈여겨봐야 합니다.

컴맹은 옛날 문맹과는 차원이 다릅니다. 이 컴맹은 속도도 범위도 한도 끝도 없습니다. 잘못하다가는 병균이 우글거리는 위험성도 배제하지 못합니다. 긍정적인 면에서도 무한대이지만 질서가 잡히기 전까지는 부정적인 면도 무한대입니다.

요즘 범죄가 늘어나고 있는 것을 보면 걱정입니다. 이것도 시작입니다. 내가 보기에는 범죄는 시작된 지 오랜데 정화수준은 아직 시작되지 않은 인상입니다. 지식인들이 현실을 외면할 수 없듯이 시인은 현실을 외면할 수 없습니다.

옛날 같은 은둔도 좋지만 현실을 외면한 시가 독자들에게 공감을 줄 수 있다면 그것이 얼마나 되겠습니까. 시의 위기는 시인 자신에게서 오는 수도 있습니다. 아마 그것이 더 많을 것입니다.

시인은 현실을 직시해야 합니다. 때로는 모르는 척할 때도 있다고 하지만 그것은 현실을 안 다음의 문제일 것입니다. 우리가 시를 쓰는데 상상으로 의존하는 경우가 많습니다만, 가상공간, 즉 사이버공간에서의 상상력을 무시할 수는 없지요.

그 상상력은 2배, 3배로 늘어나니까요. 시의 범위가 그만큼 확대되는 셈이지요.

▶ 외국 여행 중 가장 인상 깊었던 곳은?

▷ 인도였습니다. 국민 전체가 움직이는 몸에 배인 신앙심에 감복했습니다. 인도의 갠지스 강변에서는 한참 내가 나를 생각하기도 했습니다.

물론 갠지스강 물의 오염에는 머리가 흔들렸지만 물에 적시는 신앙심에는 도대체 인간이 무엇이기에…. 하는 회의도 느꼈습니다.

그리고 이 강변에서 일 년만 살아보고 싶었지요. 여행은 좋은 것이라는 것을 이미 알았지만 자기반성과 또 다른 발견을 할 수 있어 시의 소재가 많았지요.

프랑스, 이태리, 영국 등의 문화유산의 그 관리나 활용에 있어서의 합리성 그리고 뉴질랜드와 호주의 자연, 독일의 정확성, 스위스의 근면과 복지제도 등 부러운 것이 많았습니다.

그리고 일본 국민의 질서, 외국여행을 해본 사람에게는 공통된 인상이겠습니다만, 외국에 가보면 배울 것이 많아요. 한 번은 일본에 갔을 때 공중변소만 유심히 살펴봤는데 그들은 화장실을 깨끗이 쓰는 것으로 유명하지 않습니까.

그걸 알면서도 찾아봤는데 그것 하나만 보고도 우리나라가 무엇부터 시작해야 하나 하는 것을 알게 됩니다.

프랑스에서는 역시 루브르박물관에 진열된 그림이었고 이태리에서는 지상이든 지하든 아니면 건물 안에까지 꽉꽉 차 있는 문화재가 입을 벌릴 만큼 많았으니 그리고 그 유산이 무궁무진한 관광자원이 되었으니 얼마나 부럽습니까.

영국에서는 대영박물관의 그들의 야망이 질투 날 정도였고 우리나라 산과 섬은 아름다운데 요즘은 그것마저 깎아먹고 있으니 한심하지요. 스위스 고원에서 한 가족이 풀을 베고 있는 것을 봤어요.

그대로 놔두지 왜 깎느냐고 묻자 자주 베어줘야 황폐해지는 것을 막는다고 했지요. 그리고 독일에서는 라일강변의 포도밭인데 평지는 쉬게 하고 자갈밭 같은 거친 곳을 깎아서 포도밭을 만들었거든요.

왜 그렇게 하느냐 했더니 쉽게 개발할 곳은 후손들에게 물려줘야 한다고 했어요. 그리고 그들의 산림의 계획성을 보고 놀랐지요. 미국, 캐나다의 방대함, 그리고 미국에서는 흑백문제가 얼른 들어왔습니다.

내가 과민했는지는 몰라도 그리고 역사란 뺏고 빼앗기는 그런 흔적이 세계 곳곳에 진열되어 있었고 아직도 지구상에 남아 있다는 것을 느꼈을 때 여행은 또 다른 고독을 맞이하는 것임을 알았습니다.

▶ 토마스 만 같은 사람은 문인이란 아랫배에 기름기가 흐르면 좋은 작품을 못 쓴다고 했는데 이 점을 긍정하십니까?

▷ 이 말씀은 아까 시신의 호화별장과도 유관한 말입니다만, 토마스 만이 아니더라도 아랫배가 나왔다면 문학보다도 인생 자체에 문제가 있는 것이지요. 자기 몸을 다스리지 못하고 무엇을 하겠습니까. 그렇다고 비실비실 앓아가며 글 쓴다는 것도 그렇고요.

자기가 자기 몸을 추스르지 못할 만큼 균형이 잡히지 않았다면 세상을 보는 눈에도 이상이 올 것입니다. 건강해야 해요. 건강, 근면, 인내 이것은 어떤 인생에도 부정할 수 없는 요소이지요.

운동선수만이 체력을 단련시켜야 하는 것은 아네요. 그에 못지 않게 문인도 건강해야 지적인 면에서도 건강할 것으로 압니다.

▶ 선생님의 하루 일과를 말씀해주시겠어요?

▷ 아침 3시에 일어나서 인터넷 홈페이지에 들어가 '게시판'이나 '방명록'에 올린 글을 읽은 다음 e-메일을 체크합니다. 그런 다음 몇 개의 신문을 읽죠. 신문은 주로 문화면을 골라 인터넷을 통해서 읽습니다. 그리고 작품을 쓰기 시작하죠.

아침 식사 전에 약 30-40분 산책을 하고 식사 후 가까운 북한산에 갑니다. 약 두 시간. 오후는 혜화동이나 인사동에 나가서 전시장과 서점에 들릅니다. 저녁엔 신간 서적을 읽고 9시 반에 잡니다.

▶ 독서는 하루 몇 시간을, 요즘 읽으시는 책은?

▷ 두세 시간, 요즘 읽는 책은 『이중섭 평전』(최석태 지음)과 『미셀 투르니에 산문집』(김화영 옮김), 『예찬』 그리고 허수경 시집 『내 영혼은 오래되었으나』를 번갈아 읽고 있지요.

괴로움을 시 창작으로 극복

▶ 시인이 지녀야 할 덕목이 있다면 어떤 것이 있겠습니까?

▷ 사람에 따라서 의견이 다르겠습니다만, 나는 자기 글에 책임을 질 수 있는 인격이 필요하다고 봐요. 나는 나의 시가 수행해서

얻어진 만큼 종교에 해당한다고 보죠.

사람 가운데에 예술성만을 따지는 이도 있습니다만. 인간이 사는 길이라면 예술도 인격을 무시해서는 안 된다고 봅니다.

좋은 시를 쓰려면 몸도 마음도 깨끗하고 맑아야 하죠.

▶ 시인의 괴벽, 기행에 대해선 어떤 생각을 가지십니까? 예를 들면 술을 마시다 벌거벗고 소등에 올라 소를 몰고 종로 복판으로 진입한 「수주 번영로」라든가 술자리가 벌어지면 예외 없이 깽판을 벌였다던 「김관식」의 경우 같은 것 말입니다.

이밖에도 도벽이 심한 시인, 색을 탐하는 문인 등에 대해서….

▷ 시는 사람의 인격의 문제가 아니라 재능의 문제가 된다고 하는 문사도 있기는 합니다만 적어도 시업(詩業)이란 엄연히 인간의 수업(修業)인데 어찌 그런 헛된 짓을 할 수 있겠습니까.

작품성의 열기나 표현상의 암울함을 달래지 못해 일어나는 순간적인 발산행위였다면 몰라도 그것이 여러 번 반복되고 남들의 화제로 오를 정도라면 그건 바람직한 일이 아니지요.

예술이란 인격을 벗어나도 좋다는 식의 특권은 아니니까요. 그런 괴벽이나 기행이 일시적인 흥밋거리로 보여진다고 해도 그것이 그의 작품에 좋은 영향력을 주었다고는 보이지 않습니다.

예술이 아무리 재능의 문제라 하더라도 예술에 전념하다 보면 그것이 종교가 될 수 있고 철학이 되어 결국에는 그 사람만의 인격체로 형성하게 되는데 그를 기억하려면 역시 작품으로 기억하게 해야 한다고 봅니다.

아무리 무식한 도공이라도 가마에 불을 켜대기 전에 자기 모든 것을 바치겠다는 정성으로 냉수 한 그릇이라도 떠놓고 절을 하는 것이지요. 작품과 정신을 이어가는 즉 물(物)과 인(人), 다시 말하면 그것도 인물(人物)이 되는 것인데 어떻게 눈을 팔겠어요.

그렇게 정신과 기능이 일치되었을 때 작품도 인격체로 숨을 쉴 수 있다고 생각하는데 좀 분위기가 딱딱해지나요. 나는 그런 괴벽을 가진 시인이나 소설가 혹은 화가를 직접 만난 적이 있습니다만.

그의 앞에서는 웃고 말았지만 그의 작품 앞에서는 그의 그 괴벽이 떠올라서 쓴웃음으로 대하고 말지요. 예술(작품)이 인간을 위해서 존재한다면 작가의 됨됨이도 예술처럼 아름다워야 할 것입니다.

▶ 세상을 살아오시면서 가장 괴로웠던 시절, 가장 보람을 느낀 일을 드신다면?

▷ 그런 것이 없었던 것은 아니지만 이제 그런 것을 부정적으로 바라보고 싶지 않아요. 왜냐하면 그것이 사는 것이지 하고 언제고 자위하는 편이었으니까요.

괴로웠던 일이야 그 시절이 얼마나 삶에 대한 의혹을 깎아버렸습니까. 그 해결은 스스로 죽는 것이었는데 그 힘을 시에 쏟았으니 그 결과가 고마울 뿐이지요.

인생이란 목숨을 바쳐서 죽는 것이 아니라 목숨을 바쳐서 사는 것인데 그런 정신으로 살았기 때문에 내가 하고 싶었던 시가 지금도 내 곁에 있을 수 있어 고마워하지요.

역사나 정치나 경제나 심지어는 가난한 국가까지도 나를 괴롭혔지만 나의 어머니 나의 동생들 그리고 나를 염려해 준 이웃 사람들의 따뜻한 정 때문에 살아남은 것 같아 항상 그분들에게 감사하고 싶어요.

지금도 누가 시를 왜 쓰냐고 물으면 '정 때문에'하고 웃습니다. 생각하면 울어야 할 시간이 많았지만 그것을 용하게 시로 승화시킨 셈이지요. 그래서 괴로움도 이젠 고마울 뿐이에요. 그것이 밑거름이 됐으니까요.

▶ 주로 시는 어느 시간에 쓰십니까?

▷ 정해 놓고 쓰지는 않습니다. 그저 떠오려면 쓰지요. 어디서든지 씁니다. 나는 풀가동이니까요. 남들이 다작이라고 하는 데 다작은 사실이죠. 성능이 있고 부지런하면 생산도 많아지는 것이 아니겠어요. 나는 한 작품 가지고 매달리는 경우가 없습니다.

연속으로 글은 쓰되 작품이 안 될 성 싶으면 그 즉시 폐기 처분하니까요. 그래서 속도도 빠르고 양도 많은 편입니다.

▶ 세상에서 부러운 것이 있다면?

▷ 없습니다.

▶ 앞으로 하고 싶은 일은?

▷ 시 쓰다 가는 일밖에 없습니다.

▶ 후배들에게 당부하고 싶은 말은?

▷ 시를 쓴다는 것이 살고 남는 즉 여유가 생겼을 때 해볼 만한 정신적인 작업이 아니라 가난할수록 깊이 들어가야 하는 종교와 같은 것이라고 말하고 싶습니다.

나는 삶 그 자체를 물질보다 정신에 비중을 두고 싶어 시를 종교처럼 섬기고 있습니다. 열심히 살라는 말 밖에 할 말이 없습니다.

아름다운 인생에 대하여

▶ 시에 전념하다 보니 혹 가족에게 소홀한 일은 없으신지요?

▷ 글쎄요. 시 때문에 이혼을 했다거나 아이들을 고아원에 맡겼다면 몰라도 그 아내 그 아이들이 항상 날 따르고 나를 위해 일해주는 것으로 봐서는 그런 일이 없었다고 봐야지요.

그래서 내 주변 사람들에게 고맙다고 했지요. 나는 종교인이 아닙니다만 잠자리에 들기 전에 꼭 고맙다고 기도를 드립니다. 나를 버리지 않고 이 세상에 일정 기간 있게 한 점, 얼마나 고마운 일인지 몰라요. 그것을 깨닫게 한 것은 시입니다.

그래서 시를 종교로 여기는 것이지요. 시를 하지 않고 가정에 전력을 기울인 만큼은 아니지만 가정을 원만히 꾸려온 것도 사실입니다.

▶ 가족 중에 선생님의 시에 관심을 가져주는 분이 있습니까?

▷ 전에는 어머님을 빼놓고는 아내도 자식들도 내 시에 대해 말이 없었는데 요즈음은 자주 입에 올려요. 어머님은 70이 넘으셨을 때(시집 나오면 어머님께 먼저 드리거든요). '네 시는 쉽더라'하시며 소리 내어 읽으셨죠.

나는 어머니 평을 제일 좋아했어요. 쉬워서 전달이 되었다는 말인데, 나는 어머니의 그 말이 정말 기뻤어요. 나는 지금도 독자들을 어머니처럼 여깁니다.

다음은 아내인데 아내도 요즘에는 TV나 신문에 시가 될 만한 소재가 나오면 나를 불러요. 이것 보라고 그것은 대개가 섬과 바다에 대한 것들이죠.

그리고 딸자식들도 요즘엔 지기 친구들이 아버지 책을 찾는다고 몇 권씩 가져가곤 합니다.

▶ 어떻게 사는 것이 아름다운 인생인지 한 말씀하신다면?

▷ 맹사나 공자 또는 성경을 읽어가며 자기 사는 것을 반성해가며 사는 것도 중요하지만 그런 어려운 공부도 갈고 닦는 인격수양의 생활방식이 아니더라도 남에게 그른 일을 하지 말고 어려운 때는 강한 의지로 극복해가며 사는 것이 각자 각자의 인생살이라고 봐요.

인생은 사는 그 자체만도 훌륭한 예술이니까요. 남을 돕지는 못한다 하더라도 남에게 해를 주는 일이 없었으면. 그리고 자기 인격을 닦아나간다면 얼마나 아름답습니까.

그래서 늘 공부해가며 살라고 권하고 싶어요. 사람은 배우고 닦는데서 아름다워지는 것이지 장식품으로 속까지 아름다워지는 것은 아닙니다.

이렇게 인터뷰는 끝을 맺었다. 이밖에도 그는 요절한 문인들의 작품세계와 행각을 분석한 평론집「아름다운 천재들」편에 크나큰 반응을 일으킨 바 있다.

일본의 귀재, 소설「거미줄」로 유명한「아쿠다가와(芥川龍之助)」를 비롯「다자이 오사무(太宰治)」는「인간실격」이라는 소설을 쓰고 나서 사랑하지도 않은 여인과 정사를 한 작가.

그리고 오스트리아의「게오르크 트라클(Georg Trakl)」을 비롯 독일의「한스 빙클러(Hans Winkler)」는 산책길에 목숨을 끊었고 영(英) 시인「채터턴」은 18세 유년에 미소를 마시고 세상을 떴다.

한국에선「메밀꽃 필 무렵」소설로 유명한「이효석」.「봄봄」또는「금을 따는 콩밭」의 김유정,「진달래꽃」의 김소월,「신작로」의 작가「곽하신」등을 다뤘다.

이 작품을 내기까지 그는 육년이라는 세월을 보냈고 이를 위해「한국작품」을 포함, 20만여 페이지 원서를 섭렵한 끝에 과로로

입원한 것으로 유명하다. 이밖에도 노벨상 수상자들의 작품세계와 대표작을 연구함으로써 이목을 끌기도 했다.

그 결과 수상작의 집필 연대가 35세 전후라는 놀라운 사실을 밝혀내기도 했다. 원로 시인 임강빈은 이런 말을 한 바 있다. 이생진 시인은 많은 시집을 펴냈지만 어느 것 하나 읽어봐도 태작(太作)이라는 게 없다. 정성으로 짜낸 직물에 기교라는 색감으로 완성한 비단 같다고……. —.

이생신 시인 그는 충남(서산)이 낳은 한국시단의 큰 별이다. 제주도 성산포엔 그의 시비가 이미 세워져 있고 그의 모교 서산 중앙고(전 서산농림) 교정에도 서 있다. 뿐만 아니라 서산시 운산면 마애삼존불 맞은편에도 그의 시비가 서 있다. 그의 시비를 들여다본다.

〈맹골도〉

내 고향 서산시.
가면서 정들고
오면서 추억이 되는
아라매길

세월에 닳지 않은
마애삼존불의 얼굴에
너의 미소 활짝 피었다

보원사 오층탑에 앉았던 봉황
개심사 아미타여래땅

해미읍성 저 멀리
도비산 넘어 바다를
단숨에 다녀왔는데

너는 지금
아라매길
어디쯤 가고 있니

2017년 11월 30일
이생진

◆ 수상소감

감사합니다.

오늘의 기쁨을 저 세상에 계신 어머님께 드리고 싶습니다.

해마다 방구석에 쌓인 아들의 시집을 보시면 어렸을 때 지나가던 스님이 말했다는 「대기만성」을 꺼내시던 어머님이 생각납니다. 남들은 공부해서 판사, 검사가 된다는데 너는 뭐 하려고 그렇게 책만 펴고 있니 하시던 어머님이 그립습니다.

제 공부는 판사, 검사되는 공부가 아니라는 말을 끝내 하지 못하고 말았습니다만 이 자리에 어머님이 계시다면 「대기만성(늦게 큰 그릇이 되리라고 한 스님의 말)」을 실감하시리라 믿습니다.

울음산(명륜산)에서 부춘산 옥녀봉, 산은 낮지만 저에게는 넘고 넘어도 다 넘지 못한 아쉬움이 있습니다. 봄, 여름, 가을, 겨울 사계절도 거기서 익혔고 뼈도 거기서 굵었습니다.

그리고 양대리 바다를 시작으로 간월도, 신진도, 가의도, 원산도, 삽시도, 격렬비열도까지 우리나라 섬 3000여개 중 1000여개를 돌아다니며 섬사람들의 고독과 애환을 시에 담았습니다.

이번에 나온 시집 「맹골도」를 고향 분들께 드리게 되어 무한한 영광으로 생각합니다. 그리고 7년 전에 운산 용현리에 세워 주신 「아라매길」 시비 건립에도 이 자리를 빌어 고맙다는 말씀을 드립니다. 감사합니다.

제2부

| 안영진 수필집 |

안 · 영 · 진 · 의 · 문 · 화 · 기 · 행

미야자키의 「백제마을」

불교문화의 전래

연꽃과 석가모니

일본은 불교 대국

한 · 일 '무궁화會' 결연

玄海灘의 구름다리

미야자키의 「백제마을」

일본의 규슈(九州) 남단 「미야자키」현 오지엘 가면 「남향촌」이 나오는데 이곳을 일명 백제마을(百濟の里)이라 부른다. A. D. 660년 백제가 멸망하자 왕족이 이곳엔 숨어살다 묻힌 곳으로 알려져 있다.

백제의 옛 서울 부여와는 현재 자매를 맺고 왕성한 교류를 이루고 있는 고장이기도 하다. 그곳은 유서 깊은 고장이라 해서 일본 왕실이 관장하는 보물창고가 있는 곳이다.

「나라(奈良)」에는 「세이소인(正倉院)」이 있고 이곳 「백제마을」엔 「니시세이소인(西の正倉院)」이 있어 그만큼 역사적으로 중요한 몫을 하는 마을이다.

백제왕을 모신 두 신사

이 마을에는 「미카도」 신사(神社)가 있고 「고란사」의 종을 닮

은 「범종」이 울려 퍼지고 있는 곳이다. 「영빈관(百濟の館)」과 부여의 「백화정」을 모방한 누각도 있어 백제왕도의 축소판이라는 인상을 물씬 풍기는 곳이다.

그럼 이 마을을 백제마을이라 부르는 이유는 무엇인가. 거기에는 천수백년 간 전해오는 유물과 전설이 전해오고 있어 마을입구에는 「백제마을입구」라는 간판까지 세워져있다.

맨 먼저 그곳을 찾은 인사로는 1970년대 민속학자 「임동권」 박사와 「이석호」 부여문화원장, 부여 유지들이라 했다. 그러나 개발 당시에는 한 · 일 의원연맹 한국 측 간사 「이인구(李隣求)」의원이 앞장서 난제들을 푸는데 앞장선 것으로 알려져 있다.

이 의원은 해결사였다. 정계에서 은퇴한 후 그는 계룡장학회를 설립, 그 안에 해외문화탐사 팀을 구성, 역사, 문화 활동을 선도했다. 그 바람에 필자도 「백제문화연구」 팀에 참가, 「남고송」 탐사에 참여할 수 있었다. 그래서 「백제마을」도 탐사할 수 있었다.

이 후미진 산골에는 옛 부터 백제왕족의 이야기가 대를 이으며 전해지고 있었다. 백제가 망하자 왕족은 물론 유민들이 일본으로 망명을 한 것이다. 처음엔 「기내(나라, 오사카, 교토)」지방으로 들어갔다가 일본에 전란이 일자 이를 피해 큐슈(九州)지방으로 피난가려다 의외의 결과를 가져왔다.

두 척의 배에 나눠 타고 북큐슈지방으로 향했으나 「세도나이카이」에서 폭풍을 만나 「정가왕」은 휴가(向日)의 「가네가(金ヶ濱)」

에 표착했고 장남 「복지왕」은 어머니와 함께 「가구치(蚊口)」해변에 상륙한 것이다. 그 바람에 아버지 「정가왕」은 「남향촌」에 아들 「복지왕」은 90㎞나 떨어진 「기조쵸히기(木城町比木)」에 은신을 했다.

그러나 얼마 뒤 「정가왕(父)」의 급보를 받은 아들 「복지왕」은 군사를 이끌고 달려가 적을 격퇴시켰지만 이 전투에서 「정가왕」은 전사, 「즈카노하라(塚の原)」에 묻혔다.

그리고 막내 「황자왕」도 이곳에 묻혔다. 이후 「정가왕」은 「미카도(神門)」 신사에, 훗날 복지왕은 「히노기(比木)」 신사에 모셨다. 이와 같이 애사(哀史)를 간직하고 있는 게 「백제마을」이다.

백제왕족 10대가 산 곳

이와 같이 애사(哀史)와 전설을 현지주민들은 믿고 추모해온데 대해 우리로선 여기에 사족(蛇足)을 달 생각은 없다. 다만 보다 과학적인 수법으로 역사정리를 해야 할 시점에 와 있다는 걸 말하고 싶을 뿐이다.

예를 들면 「정가왕」, 「복지왕」의 혈통과 배경을 보다 정확하게 정리해야 한다는 이야기다. 백제의 마지막 「의자왕」과 왕자 〈융(隆)〉은 당나라 「소정방」에 의해 중국 낙양으로 잡혀갔고 당시 차남이 일본에 있었다는 설이 있다.

그렇다면 그는 누구인가? 일각에선 차남이 「화지왕」이라 말하는 이가 있지만 현지에선 「정가왕」의 막내아들이라는 설이 유력하다. 의자왕 차남이 일본에 생존해있었다 해도 법통으로 왕이라 보기는 어렵다.

왕위를 이어 받았거나 「망명정부」를 세웠다면 몰라도…. 옛날 왕들은 많은 궁녀를 거느렸기 때문에 당대 왕자는 한둘이 아니었을 것이다. 그렇다면 망명정부의 왕이 「정가」인지 또 그 아들이 「복지왕」인지 위계(계승)의 성격도 따져봐야 할 일이다.

여기서 「정가 · 복지」 부자가 어떻게 왕을 사서했는지 보다 명확한 해답이 있어야 한다. 어떻든 「정가왕」은 「미카도(神門)」 신사에, 아들 「복지왕」은 「히키(比木)」 신사에 모셔져 있는 것만은 확실하다.

그리고 어머니는 「고마루가와(小丸川)」에 묻히며 백제왕족은 10대(代)를 이곳에 살았다고 현지인들은 믿고 있다.

왕을 추모하는 「시와즈 축제」

백제왕 「정가, 복지」 부자의 추모제를 그곳에선 「시와즈(師走)」제라 해서 잔치를 벌여왔는데 주민들은 이것을 연중 가장 큰 행사로 삼고 있다. 이 제례는 1947년까지 11일간에 걸쳐 거행해오다 요즘에는 2박3일로 간소화시켰다.

이 추모제는 밤이 으슥하도록 「가꾸라(神樂)」 형태로 이뤄지고 있다. 「남향촌」 주민 남녀노소 모두가 참가, 불꽃놀이, 전통가무를 연출하며 백제왕을 추모해왔다. 그리고 양측이 헤어질 때는 아쉬운 작별의 인사를 나눈다.

그 고별인사로 「オ. サラバ(안녕! 잘 가시오!)」를 연발한다. 내년 재회(再會)를 기약하며 눈물까지 흘린다. 「오사라바」란 요즘 말로는 Good Bye 또는 'See You Again', '아듀(Adieu)'를 뜻한다.

계룡장학회 학술탐사팀의 활동

계룡장악회 이인구(李麟求) 이사장은 장학 사업을 펼쳐오다 93년도 재단 내에 「해외학술연구팀」을 구성, 가동해왔다. 임원진은 국립대 총장출신, 중견 법조인, 언론계인사, 각계유지로 구성, 운영해왔다.

중국, 일본 등지의 백제문화유적을 답사, 역사정리는 물론 문화유적의 발굴, 재조명하는데 힘을 쏟았다. 「귀국보고」와 「세미나」개최는 물론 책자를 발간하는 등 사업규모를 넓혀왔다.

고구려의 옛 땅 집안(集安)을 답사 「광개토대왕대비」를 원형대로 각인, 그것을 천안독립기념관에 건립했고 중국 「낙양」으로 끌려간 백제왕이 묻힌 「북망산」을 찾아가 위령비(碑)를 세우려다 중국 측 제어로 불발에 그친 일도 있다.

또 여순 땅에 묻힌 안중근 의사 유해송환을 계획한 일도 있었다. 이를 위해 일본의 국회의원까지 동원했으나 역시 중국의 비협조로 아직은 숙제로 남아 있다.

그 뿐만 아니다. 상해의 임시정부청사 모형을 떠 「독립기념관」에 세우려한 일도 있었다. 그 다음 필자가 소개하려는 것은 계룡장학회 「해외탐사팀」의 활동이다.

「해외탐사팀」은 일본 큐슈(九州)에 산재한 백제유적을 두루 밟았으며 어느 곳은 3~4회를 탐사한 일도 있었다. 그 발자취를 다음과 같이 간추려본다.

유적탐사 코스

▲ 큐슈(九州)내의 백제산성 = 다사이후(太宰府)의 평지성과 나고야(名護屋)성, 구마모토성, 그리고 기쿠치(菊智城)을 탐사한 바 있고 ▲ 요시노가리(吉野ヶ里) 농경취락유적지 = 고대 백제가 전수한 농경 집단취락으로 거기에는 고상(高床)창고, 미탄(米炭)까지 찾아볼 수 있었다.

▲ 미야자키 「사이도바루(古墳群)」 = 이곳 고분은 고구려의 장군총, 신라의 왕릉을 능가하는 큰 규모의 고분들이 산재해 있었다. 그것은 A. D. 2~7세기까지 일본지배세력의 무덤으로 「고훈」시대의 것으로 파악했다.

▲ 미야자키(宮崎)의 백제마을 = 일명 낭고송(南鄕村)이라 부르는 이 마을은 백제의 「정가왕」이 추격군에 의해 살해된 슬픔을 간직한 고장이다.

이 마을에선 해마다 「시와즈(師走祭)」추모제가 열리고 있는데 특히 백제의 옛 서울 부여와 깊은 인연을 맺고 있는 마을이다.

▲ 혼묘지(本妙寺)와 여대남(余大男) = 구마모토시 변두리에 소재한 혼묘지에는 임진란 때 악명을 떨친 「가토기요마사」를 안장한 구마모토 제일의 사찰이다. 이 절은 「여대남」 부자 이산(離散)의 한이 서린 사찰이기도 하다.

여대남은 임진란 때 「가토기요마사」에게 소년의 몸으로 붙들려가 「가토」의 명에 따라 불교에 귀의 이 절의 주지로 평생을 보냈다. 아버지 여천갑(余天甲)과 아들 여대남은 다이묘(大名)들이 좋아하는 「매」 두 마리만 보내주면 그것을 상납, 귀국을 청하겠다고 했으나 부친은 이를 거절했다.

「매」의 거래를 국법으로 막고 있으니 방법이 없다고 적어 보냈다. 그 편지의 탁본은 이인구 이사장과 필자가 각각 한통씩 소장하고 있다. 「망향의 한」과 이산의 아픔은 끝내 치유를 못한 채 오늘에 이르렀다. 이것을 경남 「하동」 여씨문중과 이인구 이사장이 연결, 현지에서 상봉, 제례를 올린 바 있다.

▲ 일본 도자기와 이참평 = 일본에 도자기 제조기술을 전한 것은 조선도공들이었다. 임진란 이전 일본엔 이렇다 할 도자기가 없었다. 그래서 임진란 때 왜병들은 조선도공 수백 명을 납치해갔다.

현재 일본을 대표하는 「아리타(有田)」와 「사츠마(薩摩)」의 두 도요(陶窯)가 있는데 그 시조는 공주 학봉리에서 잡혀간 이참평과 남원성이 함락할 때 포로가 된 「심당길」이 일본의 도조(陶祖)

또는 도신(陶神)으로 받들어지고 있다.

역사는 부활하는가?

오늘날 한·일간엔 역사왜곡문제로 줄곧 갈등을 빚고 있다. 일제 때 교과서에선 반만년 한민족사(史)를 그들 2600년사에 예속시킨 일도 있었다. 지금도 「역사왜곡교과서」를 놓고 갈등을 빚고 있다.

아직도 「임나일본부」설을 내세우며 「신공황후」가 신라를 정벌했다는 식으로 일본 측에선 주장하고 있다. 그 뿐만 아니다. 「광개토대왕비」에 부식한 문자를 교묘하게 손질해놓고 그들의 「황국사관」을 미화시키고 있다.

그래서 현해탄의 물살을 늘 파고(波高)를 드높여왔다. 이제는 나를 알고 일본의 역사와 그들의 근성을 제대로 파악, 대처해야 할 시점에 와 있다. 그래서 「쪽바리 놈들!」, 「배은망덕한 무리」라며 집회를 열고 「타도」를 외친다고 해결되는 것도 아니다.

좁혀 말한다면 이렇다. 충남도와 「구마모토」현이 자매를 맺고 교류를 해온 결과, 역사왜곡교과서를 「구마모토」에선 거부했다는 건 무엇을 의미하는가?

「미야지키」의 백제마을에선 지난 93년 대전 EXPO 때 「정가왕」, 「복지왕」의 혼백을 모시고 건너와 공주, 부여의 선왕(선조)께 문후를 올린 일이 있다. 이를 유도하는데 결정적 역할을 한 건

이인구 이사장이었다. 이것이 외교요, 역사 찾기의 수단이라 할 수 있다.

또, 그는 「남고송(백제마을)」 그곳 백제마을에 장승 한 쌍을 대전에서 운송, 그곳에 세웠다. 당시 그의 측근인 조중원 감사, 윤건원 비서실장이 장승건립을 위해 일주일간 현지에 머문 일이 있다. 그 이야기는 아직도 화제로 전해온다.

불교문화의 전래

백제가 불교를 받아들인 것은 고구려 소수림왕 3년으로 되어 있지만 보다 확실한 것은 A. D 384년 침류왕 초기 때로 우리는 파악한다. 그때 백제가 동진(東晋)으로 사신을 보냈다가 돌아올 때 호승(胡僧) 「마라난타」와 함께 온 것을 효시로 삼는다.

인도에서 발생한 불교가 중국을 거쳐 고구려로, 또 그것을 백제가 받아들여 신라와 일본으로 전파시킨 것이다. 문헌에 따르면 고구려보다 18년 뒤에 백제가 받아들였고 한참 뒤에 신라는 물론 왜(倭)라는 섬나라에 전파시켜 그 결과 아시아(한자문화권)에선 으뜸가는 불교국가로 발돋움했다.

백제불교는 전성기 「구법승」이 중국과 서역(중동), 일본으로 진출하는 등 크게 번창했다는 걸 역사는 증언하고 있는 것이다. 일본으로 불교를 전한 것은 552년의 일로 고구려보다 32년이나 앞섰고 이후 고구려와 신라가 경쟁적으로 들어갔다는 건 널리 알려진 사실이다.

그러함에도 고구려와 신라에는 고승(高僧), 열전(烈傳)이 전해오고 명찰(名刹)이 수두룩한데도 백제 것은 알려진 게 많지 않다. 그 까닭은 무엇인가? 백제가 한수이남 풍납토성(미추홀-인천) 등에 도읍을 정했음에도 큰 사찰이나 명승(名僧), 설화(說話) 같은 게 많지 않은 데엔 까닭이 있다.

백제초기엔 고구려, 신라의 틈 사이에서 늘 협공을 받는 바람에 불교생활화가 여의치 않았기 때문이다. 그리고 백제불교 전성기는 웅진(공주)시대와 사비 천도(遷都) 이후의 일인데 패망 후 모두 파괴되었기 때문이다.

불교문화를 찬란하게 꽃피운 백제가 설움 받고 폄하당하는 까닭은 멸망국의 잔해(殘骸)라는데 있었다. 하지만 이는 트집에 불과하다. 역사 오랜 나라와 민족치고 수난을 받거나 망하지 않은 예는 없다.

그리스가 그렇고 「황하문명」을 자랑하는 중국, 인도의 「인더스문명」, 태평양전쟁에서 패한 일본, 신라와 고구려도 결국 망한 나라였다. 그렇다면 「백제」를 평가절하하거나 천대시할 이유가 어디에 있는가.

초기엔 미륵신앙에서

백제문물은 파국 후 나당(羅唐) 연합군에 의해 무참히 파괴되고 불타버렸으나 그 유적들은 지금도 지하에서 살아 숨 쉬고 있다. 한 가지 예를 들면 「이차돈」, 「원효」에 버금가는 인물로는 성왕(聖王) 때 인도의 「구법유학」에서 들어온 「겸익(謙益)」에 관한 이야기다.

성왕은 그를 「홍륭사」에 살게 하고 28명의 고승들에게 역경(譯經)을 맡겨 율부(律部) 72권을 펴냈고 「혜인(惠仁)」과 「담욱(曇旭)」은 율소(律疏) 36권을 저술했다는 기록이 나와 있다. 백제불교는 미륵신앙이라는 대승(大乘)불교 쪽으로 가닥을 잡았던 것이다.

여기서 「미륵사」, 「미륵불광사」라는 사찰을 창건했고 이밖에도 왕흥사(王興寺), 대통사(大通寺) 등의 기록이 나오지만 절터가 발굴된 것은 정림사(定林寺)와 미륵사(익산)가 대표적인 절로 꼽힌다.

신라가 백제로부터 불교를 받아들였다는 건 지정학적(地政學的)으로 불가피한 과정이라 할 수 있다. 신라는 조사(造寺), 조불공(造佛工) 석탑 등에 이르기까지 백제의 영향을 받았음은 더 말할 나위없다.

신라 선덕(善德)여왕이 「황룡사 9층 석탑」을 창건함에 있어 백제의 공장(工匠) 아비지(阿非知)를 초청했다는 사실만 보아도 짐작할 수 있다. 신라 불교의 「정수」라 자랑하는 「석굴암」 축조에도 백제, 고구려의 기술자가 참여한 게 아니냐는 반문도 만만치 않게 나온다.

예를 들면 「돔」 입구 양쪽 8각주(八角柱)는 고구려 「쌍영총」 것을 닮았고 「돔」 안벽에 새긴 시불(侍佛) 중 「문수보살」과 「보현보살」은 백제불상을 그대로 옮겨다 놓았다는 인상이 짙다.

그러니 삼국의 불교문화를 신라가 대표한다는 식의 독선이나 유아(唯我)주의는 있어 곤란하다는 뜻이다. 하지만, 삼국이 모두 불교를 국교(國敎)로 삼았다 해서 제도와 생활규범을 불교에 의존했느냐 하면 그렇지 않다.

삼국은 불교전수 이전 이미 원시형태의 「유교」에 의존했다는 게 정설로 되어 있다. 그리고 삼국이 모두 불교를 수용할 때 국왕의 윤허를 받았다는 점은 주목할 대목이다.

그것을 왕과 귀족들이 먼저 접하고 그들은 또 불교를 통해 일체감을 지녔던 것으로 보인다. 특히 한자를 사용한 관계로 「도의 문화」의 틀에 불교를 받아들여 두 사상을 적절하게 조율, 제도화하는 쪽으로 이끌었다.

백제인들은 「미륵사상」 즉 「대승불교」를 숭상했는데 「미륵사상」이란 용화수 아래에서 미륵불이 성불할 때 풍진세상은 낙토로 변하고 국태민안(國泰民安)은 물론 온갖 횡액(橫厄)에서 벗어나 이상세계를 이룬다고 보았던 것이다.

그래서 승려는 존경을 받았고 법사(法師), 선사(禪師), 율사(律士) 등의 칭호가 따랐는데 이들 승려는 「반야심경」, 「법화경」, 「유마경」 등의 경전을 전파하는데 진력했다는 기록이 있다.

이 중 「현광(玄光)」은 진나라에 유학, 「미륵세상」 실현을 위해 진력한 명승으로 꼽히는데 구체적인 행적에 대해선 별로 알려진 게 없다.

「마애삼존불」의 미소

백제의 대표적 사찰로는 익산의 「미륵사」와 부여 「정림사」를 들 수 있지만 모두 불타버리고 탑(塔)만이 남아 옛일을 말해줄 뿐이다.

백제의 사찰 구도(構圖)를 보면 ① 정문(正門) ② 탑(塔) ③ 금당(金堂) ④ 강당(講堂) ⑤ 종루(鐘閣) ⑥ 경각(經閣) ⑦ 회랑(回廊) 등을 갖춰야 하는 걸로 되어 있지만 암자는 예외였다.

백제불교는 대승(大乘)적 성격이 강해 사찰은 거의 민가와 추녀를 같이해온 것으로 백제의 명찰치고 심산유곡이나 험한 산허리에 세운 예는 흔치 않 다.

바꿔 말하면 기독교의 교회가 도심(都心)에 자리하는 것과 같은 이치라 할 수 있는데 그런 이유로 조선조 배불기(排佛期) 때 절은 험준한 산속에 세우기 일쑤였다. 백제 전성기 사찰은 도성 안이거나 인근에 세웠으며 또 그 불상의 표정은 하나 같이 자애롭고 따스하며 평화로워 보인다.

대표적인 예가 「백제의 미소」로 통하는 서산시 운산면 소재 「마애삼존불」이 될 것이다. 절을 상징하는 대표적인 「탑」으로 부여정림사지 석탑과 전북 익산의 미륵사지에 서 있는 석탑으로, 일천수백 년의 시공(時空)을 타고 넘어 오늘에까지 그 자태를 뽐내고 있다.

정림사지의 「백제탑」에서도 그것을 확인할 수 있다. 비록 파국(破局)시 불타버렸지만, 왕도 부여의 불교형태를 말해주는 적장 「소정방」의 전승기록에 그 내용이 들어있다.

평제탑(平濟塔)이라 격하 당했던 그 비석둘레에 새겨놓은 적장의 글을 살펴보자.

花臺望月(화대망월)
貝殿浮雲(패전부운)
疎鐘夜經(소종야경)
淸梵震通(청범진통)

이 글귀 중 후반의 「인경소리는 밤새 들려오고, 맑은 독경소리는 새벽에 통하더라.」라는 구절은 백제불교의 실상을 그려낸 것임을 알 수 있다.

규슈(九州)는 백제의 담로?

백제문화의 표상, 또는 대표적 상징물로는 「무령왕릉」, 「정림사지석탑」, 서산시 운산면의 「마애삼존불」, 「백제금동향로」, 익산의 「미륵사지 석탑」, 「궁남지(宮南池)」 등을 내세울 수 있다.

또 이것들은 가장 「백제적」인 유산이면서도 신라, 고구려는 물론 일본과도 밀접한 관계를 갖고 있어 일인들도 「백제는 일본의 유모」였다고 흔히 말한다.

여기에 또 한 가지 의문은 백제최고의 사찰, 익산 「미륵사」의 존립에 대한 것으로 익산에 왕도가 있었느냐 하면 그와 같은 기록이나 설화는 찾아볼 수 없다.

그러면 백제 제일의 사찰이 왜 익산이냐 하는 문제다. 비옥한 농토와 평야를 낀 익산은 살기 좋은 터전이었기 때문에 백제의 「담로」가 아니었는가 하는 설이 나돈다.

담로(擔魯)란 중국의 제도를 모방한 것이긴 하나 익산이 이에 해당하는 것으로 추정하는 이가 있다. 요즘 제도로 치면 직할시, 또는 광역시 하는 식인데 〈담로〉엔 왕의 직계나 자손들이 통치하는 게 통례라 했다.

「담로」하면 필자의 머리에 떠오르는 것은 80년대 초 한 · 일 학술세미나 때 일본에 건너갔을 때 이야기다. 공주시와 자매를 맺은 「기쿠스이(菊水町」에다 「후나야마(江田船山)」 고분을 놓고 우리 측에선 그 출토품이 무령왕릉 것과 똑같다 해서 「백제의 담로」설이 나왔다.

일본 측도 백제와 깊은 관계가 있다며 「야마다이고쿠(雅馬臺國)」란 규슈(九州)라고 주장한 이가 있었다. 「일본서기」에서도

「구다라」라는 말이 나오는데 이는 「백제」 또는 「대읍성(大邑城)」의 뜻으로 통한다고 했다.

백제를 보려거든 일본을

백제는 1300년의 유폐에서 벗어나 인양(引揚)되었지만 유폐기간이 너무 길었던 관계로 복원이 쉽지 않을 전망이다. 그것은 너무나도 긴 동면(冬眠)과 일식(日蝕)을 겪어 많은 부분이 「부식」 되었다는데 가슴이 저며 온다.

그러나 건국사 자체가 실체와 실존에 근거했기 때문에 그 정리는 수월하리라는 전망이다.

삼국 중 개국자체를 신화적 요소를 가미, 알(卵)에서 부화했다느니 「천손강림」 등을 외치는 경우가 있지만 백제는 개조(開祖) 자체가 실존인물인데다 정사(正史)의 궤에서 일탈하지 않았다는데 한 가닥 자신감을 느낀다.

백제는 일본, 중국 등과 사관(史觀)을 놓고 줄곧 충돌을 해왔는데 이를 교정하려면 연구를 거듭할 때만이 그것은 가능하리라 믿는다. 일본의 「조몽시대」, 「야요이시대」는 물론 그들의 「건국의 초석」은 백제, 신라, 고구려가 뒷받침했다는데 긍지를 느낀다.

또 일인들도 이 점에 있어선 긍정을 한다. 그들의 「횡혈식 고분벽화」를 비롯 「축성법」, 「농경문화」, 「도의규범」 모두는 우리 한민족(도래계)에 의해 전해졌다는데서 그러하다.

하지만 우리가 옛날 일본에 문물을 전해줬다, 가르쳐주었다는 식의 우월감만으론 그 시정이 이뤄지는 것은 아니다. 그들이 왜곡하는 부분, 예를 들어 인본(人本), 생활양식, 기술 등 모든 분야에서 논리적으로 대응할 때만이 그 길은 열릴 가능성이 있다.

그런 뜻에서 필자는 비록 피상적인 관찰일지라도 서슴지 않을 것이다. 그것이 「아마추어」의 안목이라 지탄받는 한이 있더라도….

연꽃과 석가모니

보문산 산책로를 걷다 보니 절간에는 연등이 줄줄이 걸려 있고 청아한 독경소리는 숨찬 가슴을 뚫어 주는 것만 같다. 이때 따라오던 3~4명의 등산객 중 누군가가 뱉듯이 말한다.

"4월 초파일이 다가오니 호객(呼客) 행위를 하는구먼!"

그리고 보니 오는 내일모레가 불탄일이 아닌가. 산사 뜰에 줄줄이 매달린 연등이 영롱한데 불가와 「연꽃」은 어떤 인연이 있기에 늘 동반하는가를 짐짓 생각해보았다.

20여년 전 필자는 인도에 건너가 불교성지를 취재한 일이 있다. 그때 큰 연못가를 산책하다 문득 「아쿠다가와(芥川龍之朝)」의 소설 「거미줄」이 떠올랐다.

소설내용은 화창한 극락의 정오(정오)에 석가는 연못가를 산책하다 저 아래 지옥을 내려다본다. 어둠침침한 지옥은 그야 말로 아비규환(阿鼻叫喚)의 도가니다.

이승에서 온갖 죄악을 저지르고 지옥에 떨어진 악당들이 유황

불에 지글지글 타고 있는 게 아닌가. 여기서 석가는 거미줄을 내려 보냈다. 「거미줄」은 극락으로 올라오는 자비로운 밧줄이다.

그러니 지옥의 악당들이 서로 다투며 이 거미줄을 붙들고 늘어진다. 그러다 보니 거미줄은 무게에 못 이겨 휘청거린다. 여기에 또 문제가 뒤따른다. 죄수 중 가장 악독한 거한이 모두를 따돌리고 혼자만 승천하겠다고 소리치며 발길질과 박치기를 거듭한다.

그 바람에 거미줄은 중간에서 뚝 끊어지며 모두는 다시 지옥으로 곤두박질했다. 이에 석가는 '쯧쯧' 혀를 차며 발길을 돌렸다는 게 소설 내용이다. 이렇듯 불교는 기(起)와 연(緣) 그리고 각(覺)으로 이어지는 것이라 설파한다.

연꽃에 얽힌 이야기

연꽃과 불교는 어떤 연관을 지니며 무엇을 상징하는가. 연꽃은 수련(水蓮)과에 속하는 「수초」로 원산지는 인도(아시아) 남부와 오스트레일리아 북부로 되어 있다.

그것이 태고 때부터 중국, 한국, 일본으로 전해져 7~8월에 꽃을 피우는데 그 색채는 홍색 또는 백색을 드러낸다. 원래는 연못에서 자라지만 오늘날엔 논과 밭에서도 재배(화예)하며 꽃은 식약용(食藥用)으로 활용된다.

꽃잎은 달걀을 거꾸로 세운 모양새를 하고 열매는 과실류에 속한다. 이 연꽃은 진흙 속 시궁창에 서식하면서도 이파리는 「물방울」을 걸러내고 줄기와 꽃잎은 차(茶)로 사용되며 대공은 약용(한방)으로 쓰기 때문에 버릴 것이 없다.

뿐만 아니라 연근은 「식용」으로 쓰이며 옛날부터 동양인의 사랑을 받아온 귀한 식물이다. 고대 이집트에선 이것을 「태양의 꽃」이라고도 했는데 그 까닭은 해가 지면 꽃잎이 오므라들었다가 해가 뜨면 다시 피어난다 해서 붙여진 이름이다.

고구려에서도 이 연꽃을 「태양신」으로 여겨왔다는 설화가 전해온다. 이 꽃이 불교와 불가분의 관계(상징성)를 지녔다면 석가(부처)가 간택한 꽃인가 하면 꼭 그렇지만은 않다.

연꽃은 석가탄생 이전부터 생성해왔고 고대 인도의 「브라만」교의 종교적 상징물로 행세해온 것을 석가모니가 이를 다시 수용(?)한 셈이다. 부처님이 연꽃을 얼마나 사랑했는가에 대해서는 다음 이야기만으로도 짐작하고 남음이 있다.

석가의 영산회상(영축산법회)은 늘 인산인해를 이뤘다. 하루는 설가의 설법을 기다리는데 유독 이날만은 말씀이 없으셨다. 청아한 목소리, 정연한 법리(法理) 대신에 연꽃 한 송이를 들고 지그시 눈을 감고 미소를 짓고 계시는 게 아닌가.

전례 없는 분위기에 모두들 의아해 하는데 「가섭존자」만이 말없이 연꽃 한 송이를 내보이는 뜻을 알아차렸다. 여기서 석가는 연꽃의 상징성을 터득한 그에게 부촉(咐囑)하시며 자신의 성품을 바로 보아야 「성불」할 수 있다고 말씀하셨다.

이렇듯 깨달아야 한다는 이른바 각교(覺教)의 길을 설파한 것으로 유명하다. 연꽃…. 사찰마다 연등이 주절이지고 연못과 경관지에선 연잎이 청초하게 피어나는 계절이다.

부여의 「궁남지」 일대는 연꽃으로 수를 놓고 전주의 덕진공원도 연밭으로 유명하다. 4월 초파일, 부처님의 자비심과 가르침에도 사회는 날로 잔혹해지는 까닭은 무엇인가.

일본은 불교 대국

일본의 대표적 사찰로는 「아스카절」, 「호류지」, 「도오다이지」, 「고오류지」, 「시덴오지(사천왕사)」를 들지만 불교 상징물로는 빼어난 불상 두 점을 내세우는 게 보통이다.

하나는 일본국보 제1호인 '고류지(廣隆寺)'의 「미륵보살반가사유상」이고 또 하나는 '호류지'의 「금동미륵불」을 꼽는다. 원래 불교는 중국을 거쳐 한반도로 유입했지만 대승적 신앙을 기반으로 7세기경 백제가 독자적으로 개발한 조불 수법이 일본에 전해진 것이다.

「반가사유상」은 7세기경 중국에 자취를 감춘 조불(造佛)형태였으나 삼국에선 한창 유행하던 수법이기도 했다. 이 불상은 깊이 사색에 잠긴 「싯다르타」의 모습을 유려하게 각인한 것으로 그렇다면 「싯다르타(Siddhartha)」란 누구를 말하는 것인가?

이는 석가의 득도 이전의 이름으로 그 시절 온갖 시련을 초극, 수행 끝에 동이 틀 무렵 보리수나무 밑에서 득도를 한 것을 말한다. 불교를 일명 각교(覺敎)라 부르는 까닭이 여기에 있다.

이때만 해도 득도 이전이기 때문에 「절대자」의 신분은 아니었으나 깨달음의 성취(완결)가 바로 불교라는 점에서 한국인들은 이 과정 역시 높이 사고 있는 것이다.

국보 제1호는 「고류지」 불상

'고류지'에 있는 「미륵보살반가사유상」은 세계미술사에 길이 남을 걸작이라는 평가를 받고 있다. 이 불상은 우리 국립박물관에 소장된 국보 78호 「금동일월식반가사유상」과 부여 박물관에 있는 국보 83호 「금동연화반가사유상」과 닮아 있다.

그래서 이 불상은 한반도(백제)에서 건너갔거나 백제 도래인 손에 만들어진 것으로 보는 것이다. 또, '고류지(寺)' 자체가 백제인 「하타가와카츠(秦河勝)」가 세웠다는 기록도 있어 그의 성을 따서 처음엔 「하타공사(秦公社)」 그리고 「하타사(秦寺)」라 부른 시대가 있었다.

「하타」씨는 일본에 농경법과 양잠, 양조(酒造)술, 직조기술까지 전해준 「산업의 신」으로 받들고 있다. 저 유명한 교토의 비단 「니시진오리(西陣織)」도 맥을 찾아 올라가면 「하타」씨에 이른다는 이야기다.

그래서 「마츠오」라는 신사엔 「하타」씨 부부를 봉안하고 있어 이 신사를 「주조신사(酒造神社)」라 부르기도 한다. 이렇듯 백제의 발자취는 도처에서 숨 쉬고 있는데 놀라운 사실이 또 하나 드러났다.

'고류지'의 「반가사유상」 재질(材質)이 한국산 적송(赤松)이라는 사실이 밝혀지자 백제불상 설은 더욱 명성을 더해갔다. 여기서 알아둘 것은 「반가(半迦)」란 부처가 한쪽 발을 반대편 무릎에 얹는 자세를 뜻하는 것이고 사유(思惟)란 사색(상념)을 뜻하는 것이다.

이 불상은 형언하기 어려울 만큼 기막힌 미소를 머금고 있어 「모나리자」의 그 묘한 미소를 뛰어 넘는다는 평이다. 아니 그 이상의 신비와 부드러움을 풍기는 오묘한 웃음이라 했다. 하지만 명품, 대작엔 으레 수난이 뒤따른다는 말이 있어왔다.

명작은 수난하는가?

파리 「루브르」박물관에 내걸린 「모나리자」가 80년대 후반 도난을 당했을 때 전 세계가 술렁거렸다. 하지만 90년대 중반 필자가 들렀을 때는 유독 그 그림만 보호막을 쳐놓고 있었다.

어떻든 세계적인 명화 「모나리자」는 어렵사리 제 자리를 찾은 셈이다. 따지고 보면 수난을 한 건 「모나리자」뿐만 아니다. 교토의 '고류지' 「미륵반가사유상」도 피해를 입어 일본열도가 시끄러웠던 일이 있었다.

지난 80년대 초반 한 관광객이 불상의 아름다움에 매료돼 이를 껴안았다가 새끼손가락이 떨어지는 사건이 발생했다. 놀란 나머지 그 청년은 새끼손가락을 갖고 잠적해 버렸는데 매스컴이 연일 보도를 내고 설득하는 바람에 자수를 했다. 그는 발랄한 대학생이었다.

이때 되찾은 불상의 새끼손가락은 전문가에 의해 원형대로 붙여 놓아 오늘날 제 모습을 지니고 있다. 하지만 이 불상은 한국의 적송(赤松)으로 제작되었다 해서 우리사학계가 흥분하고 나선 일도 있었다.

화제는 이에 그치질 않는다.「공주무령왕릉」개봉 당시 왕의 관(棺)이 일본 큐슈 남쪽에서만 생성하는 금송(金松)이라 해서 화제에 오른 적도 있다.

이렇듯 백제와 왜국은 고대부터 왕성한 교류를 해왔음에도 그들은 도래계가 전해준 유물을 자기화한 일본식이라며 역사왜곡을 일삼기도 했다. 중국과 직거래했기 때문에 한반도 문물은 경유지(經由地)의 의미 밖에 없다는 식의 논리(?)를 들고 나오기도 한다.

예를 들면 '호류지' 금당의 동조(銅造)「석가3존상」만 해도 그렇다. 625년에 만든 이 불상을「도래양식」아닌 일본 고유(?)의 것이라 주장하는 이까지 등장하고 있다.

이 3존상을 만든 불사(佛師) 이름이「도리(止利)」라 해서「도리양식」이라 부르는데 그렇다면 이 점은 어떻게 설명해야 하는가? 이 도리불사(止利佛師)는 도래인 제 3세로 알려져 있다.

그러나 공주무령왕릉에서 출토된 왕비의 은팔찌 제작자가 다리(多利)라는 점을 감안할 때 깊은 연관이 있는 것이 아니냐는 점이다.

「앙드레말로」의 불상 예찬

교토, '고류지(寺)'의 「목조반가사유상」은 지구상에 둘도 없는 유려한 작품이라 해서 서양석학들도 찬사를 아끼지 않았다. 20세기 실존주의 철학자로 명성을 떨친 독일의 「칼 야스퍼스」는 이렇게 극찬한 일이 있다.

'나는 철학자로서 평생 많은 조각품과 미술품을 접해보았다. 고대 그리스의 여신상을 비롯해서 로마시대의 조각, 다빈치의 '모나리자' 등 숱한 작품을 봤지만 이 불상에 우선할 작품을 본 적이 없다. 인간의 이상과 실존 그 자체를 남김없이 이 불상에 담았다고 설파한 것이다.

아름답고 원숙할 뿐만 아니라 가장 완벽한 인본(人本)의 모습을 지녔다고 극찬을 했던 것이다. 하지만 이 불상을 놓고 신라풍이라느니 백제양식에서 얼마간 벗어나 있다는 등, 자의 해석을 일삼는 일인들이다.

하지만 역사왜곡을 예사로 자행하며 영토분쟁을 유발해온 일인들이 아니던가. 그 다음, 나라 '호류지'에 전시되고 있는 「백제관음상」은 호류지의 「반가사유상」과 함께 일본불교의 심벌로 사랑받고 있는 문화재인 것이다.

「호류지」 대보장전 특별실에 소장된 이 불상은 높이 2.8m의 목조입상이다. 훤칠한 키에 미소를 머금은 표정, 아래로 흘러내린 선(가사)은 백제양식 그대로를 닮았다. 가사의 흐름은 부드럽기 이를 데 없어 「텐죠노하고로모(天女の羽衣)」를 연상케 한다.

앳된 듯 어찌 보면 청초하고 원숙하면서도 티(흠) 없는 이 불상은 지표상에 둘 도 없는 아름다운 미술품이라는 걸 그 누가 부정하겠는가. 이 불상에 대해 서구의 미술가들도 「미로」의 「비너스」상을 능가하는 작품이라 해서 극찬을 한 바 있다.

「비너스」상은 현재 파리 「루브르」박물관에 소장되어 인류의 사랑을 받고 있지만 이 관음상에 대해 석학 「앙드레 말로」는 무어라 평을 했던가. 「만약 일본열도가 침몰해서 단 한 가지만 갖고 빠져 나가라고 한다면 나는 주저하지 않고 '백제관음상'을 택하겠다.」고 실토한 바 있다.

일천수백년 간의 일식

여기서 「앙드레 말로」는 누구인가를 생각해본다. 그는 20세기 '행동하는 지성'으로 명성을 날린 인물로 파리의 부르조아 가정에서 태어난 동양출신 고고학자요, 소설가인 동시에 정치인이기도 했다.

고고학 탐사를 위해 인도차이나를 다녀온 것을 계기로 중국의 정변(국공)을 다룬 글로 「공쿠르(Goncourt)」상을 받기도 했다. 하지만 그는 이념(ism)이나 나불대는 창백한 지성이 아니고 행동하는 석학으로 「반 나치스」, 「반 유태인탄압」에 과감히 맞섰다.

유럽이 「니힐리즘」 철학으로 유럽이 위축되어 있을 때 이를 행동으로 보여준 인물로 평가받고 있다. 그는 「인간은 더 이상 혼자가 아니다」라고 외치며 레지스탕스에 참여한 인물이다.

뿐만 아니라 전후 문화상 자리를 오래 지킨 인물로 정치 · 예술 · 학자 모두에서 성공을 거둔 셈이었다. 그가 그토록 극찬을 했던 「백제관음상」은 언제 만들어졌는가. 이 불상은 「야요이」 시대부터 알려진 작품이 아니었다.

태평양전쟁 직후까지도 '호류지' 보물 전에 갇혀 있다가 누군가에 의해 백제 양식과 닮았다 해서 「백제관음」이라 부르기 시작한 데 연유한다. 그러니 이 불상이 세계최고의 미술품으로 평가받을 줄을 그 누가 알았겠는가.

일천수백 년 간 창고(?)에 갇혀 유구한 세월, 일식(日蝕)을 겪어야 했던 불상이었다. 여기서 우리는 저며 드는 가슴을 쓸어내리며 이런 생각에 젖어본다.

백제 불상이 어째서 일본에 가 있고 「백제를 보려거든 일본엘 가라!」는 말을 들어야 하는가 하고…. 공주 · 부여 옛 백제 서울엘 가보면 그래서 회고(懷古)의 정과 향수가 파도처럼 밀려오는 걸 절감한다.

일본의 종교 실태

기독교 국가들은 하나 같이 못사는 나라가 없고 반면 둥실거리며 잘사는 불교국가가 어디 있냐? 던 시대가 있었다. 하지만 이 말은 이제 과녁을 비켜 나간 화살처럼 설득력을 결한 주장이라 할 수 있다.

경제대국 일본은 불교천국이고 기독교(가톨릭)국가인 필리핀은 선진대열에서 한참 뒤져 있다. 일본의 종교분포를 보면 재미있는 구석이 한두 가지가 아니다. 불교신도는 8,150만명, 신도(神道)를 받드는 층은 8,100만명 선이며 여타(諸教)가 600만명 선으로 나와 있다.

여기서 눈여겨볼 점은 총 1억2,000만명 인구에 신도 수는 1억 8,000만명이 넘는다는 건 무엇을 뜻하는가? 이 수치는 해묵은 통계이긴 하나 필자가 오래 전 일본 신문사에 들러 챙긴 것이기 때문에 비율에선 큰 오차가 없을 것이라 생각한다.

불교는 사찰이나 암자가 본거로 되어 있지만 일인들은 거의 집안에다 불상을 모시고 있다. 종교분포를 보면 불교와 신도(神道)가 거의 백중세지만 합사(合祀) 형태의 경향을 드러내고 있다는 점이다. 이것을 전문용어로는 「중층신앙(重層信仰)」이라 칭하지만 이를 아는 이는 많지 않은 듯하다.

기독교가 일본에 상륙한지는 오래지만 도쿄, 오사카 등 대도시에서도 좀처럼 교회를 만나보기 힘들다. 일개 현(縣)에 성당 하나, 교회 한둘이 보일 뿐이다. 그리고 불교의 교파는 우리나라 만큼이나 다양해서 「입성교성회」 같은 교파는 정치단체로 의회에 많은 대의사를 배출하고 있다.

그러다 보니 한 때 「창가학회(創價學會)」 같은 유파가 한국에 상륙, 세상을 시끄럽게 한 일도 있었다. 어떻든 일본 불교는 대승(大乘) 편향이라는 걸 실감할 수 있다.

한 · 일 '무궁화會' 결연

그 나라에 따라 그 민족을 상징하는 '나라꽃'을 정하기도 하지만 그렇지 않은 경우도 있다. 예를 들어 미국은 나라꽃이 따로 없으나 주(州)를 대표하는 꽃이 있을 뿐이고 러시아는 '해바라기'를 국화로 삼고 있다.

중국은 '모란'이냐 '매화'냐를 놓고 아직 결정을 짓지 못하고 있는 듯하며 일본은 황실을 상징하는 국화꽃이 있지만 국민들은 벚꽃을 좋아하는데도 국화로 지정한 바 없다.

한국은 무궁화를 국화(國花)로 지정해놓고 애국가가사에도 '무궁화 / 삼천리/ 화려강산'을 애창한다. 요즘은 무궁화사랑, 무궁화심기가 뜸하지만 60~70년대는 '무궁화회'가 크게 활약을 해왔으며 또 단체들은 '애국단체' 구실을 해온 역사성을 갖고 있다.

헌데, 일본인이 그토록 좋아하는 '사쿠라회'가 대전에 있다면 주변에선 이를 어떻게 바라볼 것인가.

'구마모토'의 '무궁화회'

거짓말로 들릴지 모르나 충남도와 자매를 맺은 구마모토(熊本)에는 '무궁화회'라는 민간단체가 있다. 물론 회원은 모두 일인들이다. 필자는 지난 75년 취재차 도일(渡日)했다가 '구마니치(熊日)' 논설위원장, '히라노(平野敏也)'씨의 안내로 그 모임에 참석한 일이 있다.

그는 충남을 제2의 고향으로 섬기는 친한파(?)로 공주(公州)와 '기쿠스이(菊水町)'간, 충남도와 구마모토(熊本)현 결연 때 실질적인 가교역할을 한 인물로 필자의 '파트너'였다.

그의 부친은 일제 때 보령, 아산, 공주에서 소학교 교장을 지낸 탓에 바람에 '히라노'는 충남에서 소학교를 마쳤고 일본에서 중고교를 거쳐 동경대를 나온 명사이다.

그는 신문사의 편집국장, 주필을 지낸 정통 언론인으로 필자가 구마모토 공항에 내리면 마중 나올 정도의 교분이다. 필자보다 6세가 위인데도 '안 형!'소리를 한 일이 없고 늘 '안 선생'이라 정중하게 대해주었다. 같은 언론인끼리인데도….

그는 사설과 칼럼을 통해 한·일간의 우호협력을 줄곧 역설해온 인물로 한·일 학술세미나를 두 번씩이나 필자와 공동주최한 일도 있다. 물론 신문사간의 합의에 의한 것이지만. 그는 또 그곳 '무궁화회' 회장을 맡고 있어 필자는 자연스럽게 그 모임의 초대를 받았다.

그 모임에서 귀한 손님을 모셨다며 '제 2고향에서 오신 분', '백제의 후예', '언론계 중진' 운운하며 필자를 소개하는 그의 목소리는 떨리고 있었다. 감격스럽다며….

그곳 무궁화 회원은 언론인, 문인, 지식층, 여류 등이 주축을 이루고 있었다. 그때 필자는 그 모임체가 어째서 '무궁화회'인가를 곰곰이 생각해 본 일이 있다. '구마모토'의 상징, 활화산 '아소(阿蘇)'로 올라가는 4차선도로 양쪽으로 약 2km의 무궁화나무 울타리와 만날 수 있다.

그래서 그곳 시민들은 이 꽃을 사랑한다고 했다. 노래에도 이 거리는 '호소카와(細川)영주가 내왕하시던 길'하는 가요구절이 나오는데 영주란 '호소카와'수상의 선조를 의미한다.

'히라노' 주필이 이끌어온 '무궁화회'는 이후 친한 쪽으로 기울어 '백제제'와 '대전EXPO', '88서울올림픽'때 대거 내전하는 등 물적, 인적교류, 청소년들의 상호내방, 홈스테이(homestay)가 왕성하게 이뤄져왔다.

부산 '무궁화회'와 A기자

한 번은 '구마모토' 식당에서 '무궁화' 회원들 틈에 끼어 술잔을 꺾는 중인데 저쪽에서 한 청년이 두리번거리며 이쪽을 바라본다. 어깨의 대형카메라엔 KBS라는 마크가 붙어 있어. 엉겁결에 '어라! 당신 KBS요?' 했더니 '선생님은?' 하고 다가왔다.

결례인 줄 알면서 '이리 오시오!'하자 식은땀을 손등으로 훔치며 옆에 바짝 달라붙으며 내 손을 꼭 잡았다. 남의 술이지만 반가움에 잔을 권하며 K기자와 이야기를 나눴다. 술자리가 파하자 그는 이쪽에 바싹 따라붙어 '선배님'을 연발했다.

그는 호텔비를 자신이 부담하겠다며 따라붙는 통에 이왕이면 한 방에서 말 친구를 삼는 게 좋겠다 싶어 끌어들였다. 정말 황당한 노릇이었다. 그가 의욕만 갖고 현해탄을 건너왔음을 확인하고 놀랜 것은 내 쪽이었다.

그는 일본이 초행인데다 일본 역사는 물론 일어를 잘 모르는 듯 했다. 젊은이가 일어를 못하는 건 흠이 아니지만 일본에 대해 정말 아는 게 없었다. 초보 영어실력을 갖고 단신 건너왔다니….

지금처럼 여행사에서 관광단을 모집, 인솔할 때도 아니었다. 선배님만 믿는다며 따라붙는 통에 이튿날 떠날 계획을 접었다. 그에게 발목을 잡혀 하루를 늦추고 그 다음날 오후 비행기로 귀국을 했다.

그러다 보니 원로 언론인이 기자를 안내하고 다니는 별난 '가이드' 신세가 되어 버렸다. 그 바람에 여비도 더 축낸 셈이었다. 마음이 약해서가 아니라 '내가 데리고 있는 기자도 저럴 수 있겠지….'하는 생각에서 그랬다.

그는 시인이라며 시집 한권을 건네주는 것이었다. 귀국 후 수년간 그는 전화와 편지를 통해 그곳 소식을 전하며 이쪽 안부를 물어왔다.

필자가 행한 미숙한 축사

A기자는 그곳 부산소식과 가족상황을 전하며 '엽서문학'을 통해 부인 동정까지 알리더니 어느 날 상처(喪妻)했다는 소식을 전해왔다. 필자는 그때 '젊은 친구가 안됐구나!'하는 생각에 고분지통(叩盆之痛)이라는 고사를 떠올려봤다.

수저로 밥그릇을 두들기며 죽은 아내를 회상한다는 뜻이라던가. 해를 넘기고 나서 A기자는 부산에 '무궁화회'를 조직했다며 '구마모토'의 '무궁화회'와 자매를 맺는데 그날 부산에 내려와 축사를 해달라는 것이었다. 결연을 하는 날 필자는 새마을호 편으로 가까스로 시간을 대어 갔다. 일본 측에선 '하라노'회장(주필)과 20여명의 회원 그리고 '안도(安藤博子)'가 아름다운 자태를 드러냈다.

그녀는 필자에게 "오라버님! 기다렸습니다."라며 반겼다. '오라버님'이라 부르게 된 데엔 그만한 내력이 있다. 필자가 76년부터 일본 '무궁화회'를 드나들며 그녀를 만났다.

그때 필자는 너스레를 떨었다. 백제 때 안도(安藤)가문은 안 씨였는데 일본에 건너가 '안도'로 창씨 한 것이니 뿌리가 같다며 남남 간이 아니라고 했다. 물론 농담이었다. 그 후부터 그녀는 필자를 「오라버님!」이라 불렀다.

'충남도'와 '구마모토' 현 자매결연 때 양지사가 자리한 '메인테이블'에 필자가 '안도'의 손을 잡고 다가가 "제 누이동생입니다. 잘 부탁드립니다."했더니 주변이 놀라는 표정이었다.

그것은 필자의 객기였다 그곳에서 사교계 인물로 통하는 '안도'를 호소카와(細川)지사가 모를 까닭이 없지만 필자의 누이동생이라 했으니…. 이때 유홍수 지사는 "안 국장! 알아줘야 해. 오나가나…."하고 웃어댔다. 그 여인은 40 고개로 당시 이혼을 한 독신녀였다.

그래서인지 자매결연식장에서 주최 측인 A기자의 눈은 시종 '안도'를 쫓고 있었다.

일본 공사의 불편한 표정

쌍방이 자매결연 패를 교환하고 나니 필자의 축사차례가 되었다. 그러나 이 자리에서 필자는 실수를 범하고 말았다. 축사 내용이 매우 원색적이었다는 것이다.

— 부산 무궁화회 회원 여러분! 한 · 일간의 교류협력은 시대적 요청이긴 하나 우리는 섬나라 일본의 속셈과 근성을 알아야 합니다.

역사적으로 우리 한민족은 왜인에게 인의예지, 기능과 문자(한문) 법도와 종교, 예능을 전수했으나 우리는 일본으로부터 단 한 번의 보답을 받은 적이 없고 그들은 틈만 보이면 침략자로 둔갑을 했습니다.

'임진왜란', '일제 36년' 말고도 역사적으로 800여 차례의 침투 침략, 지금도 '오사카' 부근에는 임란 때 우리 민족을 살해, 귀와 코를 잘라 가져간 '귀무덤(耳塚)', '코무덤(鼻塚)'이 그곳에 있습니다—.

거기에 어설픈 일본회원은 우리말을 모르기 때문에 무턱대고 박수를 치고 있었다. '히라노' 주필 앞에선 늘 일인근성을 성토해 왔던 터라 거침없이 떠들어댔다. 이는 세련미를 결한 필자의 체질에서 비롯한 실수였다.

자매를 맺는 자리에선 상식선의 언사(言辭)라야 하는데 그만 원색적인 망언을 한 것이다. 그런데…. 파티 장에서 한 신사가 다가와 명함을 내밀며 "선생님의 구구절절한 축사를 감명 깊게 경청했습니다."하는 그 표정이 어쩐지 밝지 않았다.

가슴에 단 명찰을 보니 부산 주재 일본공사(公使)였다. 아차! 싶었다. 축사에선 상식선의 덕담을 하는 법인데…. 그 일이 있은 직후 우연의 일치인지는 몰라도 필자는 '오사카'공항에서 망신(?)을 당한 적이 있다. 80여회를 취재 차 일본에 건너갔지만 그런 경험은 처음이었다.

가방검사는 물론 몸수색, 심지어 양말까지 벗기고 구두 속까지 검색을 하는 게 아닌가. 그 이전에는 '마에타(前日利一)' 주한대사와 후임 대사도 서울 오는 길에 들르라는 식으로 자유로웠던 몸이었는데도 말이다.

‘설익은 체질이 돼서….’라고 그때 실수를 자성하는 때가 있다. 부산결연식 파티장에서 유지 한 사람이 “선생! 동아일보 만화가 ‘두루미’를 아시능교?”하고 나왔다.

“제가 중도일보 문화부장 시절 ‘두루미’ 만화를 끌어 들였죠.” 했더니 “반갑십니더! ‘두루미’가 내 자식이오!”하며 연신 술잔을 권하는 것이었다. 2차 술자리에서 A기자는 곤드레가 되어 “선배님! 안도와 결혼하도록 다리를 놔주십시오.”하며 졸라댔다.

그러나 일본여인과 결혼을 하려면 어느 한쪽은 귀화(국적을 버리는 일)를 해야 하는데…. 속으로 중얼거리며 “젊음이 좋구나!” 하고 웃어넘긴 일이 있다.

玄海灘의 구름다리

충남도와 구마모토(熊本)현이 자매를 맺은 것은 83년이었다. 그때 충남에선 류홍수 지사와 일본에선 「사와타(澤田一精)」지사가 결연장에 나란히 등장, 도·현 간의 우호증진을 합창했다.

그 후 자매를 맺고 나서 '호소카와(細川熙護)지사가 처음으로 대전을 방문한 일이 있다. 그때 '호소카와'지사는 충남도로부터 썰렁한 대접을 받았는데 거기엔 까닭이 있었다.

① 그 무렵 국민들의 대일감정이 좋지 않은 데다 ② 도 단위 자매란 엄두를 못 낼 때라 두서가 없었고 ③ 결연 당자인 류홍수 지사가 충남을 떠난 뒤였으며

④ 안응모지사는 '호소카와'지사와 면식이 없었고 ⑤ 결연 때 柳홍수 지사를 수행했던 김주봉기획실장 마저 전출한데다 ⑥ 신임 安응모 지사는 구체적인 내용을 미처 파악하지 못한 듯했다.

엉성한 대접 받은 細川지사

「호소카와」지사와 환영식은 목척교, 대전 역전 중앙관광호텔에서 치러졌다. 하지만 의례적인 환영사에 도·현 간 교류와 번영을 기원한다며 건배를 외치는 선에 머물렀다.

이때 충남도에선 신경을 쓰는 구석이 보이질 않아 필자는 내심, 너무 소홀한 게 아니냐는 생각을 했지만 지켜보는 수밖에 없었다. 행사가 끝날 무렵 창밖엔 어둠이 깔리고 소나기가 퍼붓고 있었다.

그때 도청에선 남의 일보듯 안내원 배치도 이뤄지지 않았다. 행사를 마치고 「호소카와」지사 부처의 뒤를 따라 계단을 내려서는데 '허기져 발길이 무겁다'고 귓속말하는 걸 듣고 필자는 아차 싶었다. 그날 밤 요정이나 유성에서 잔치를 벌이는 줄 알았는데….

호텔입구에 나서자 장대비가 광장에 사정없이 내리 꽂힌다. 필자는 경비실 비닐우산을 훔치듯 가져다 「호소카와」 지사에게 건네주고 맞은 편 「미락」 일식집으로 안내했다. 식당에 이르고 보니 「호소카와」부부의 바지와 치맛자락이 비에 젖어 말이 아니었다.

대전여고 출신이라는 미락주인에게 숨찬 소리로 일본지사라 소리치며 방을 비워주든가 내실을 달라 해도 믿기지 않는 모양이었다. 눈치가 빠삭한 그녀는 그런 귀빈이 왜 비에 젖어 저 모양이냐고 필자 개인 손님쯤으로 여기는 눈치였다.

밖에서는 천둥번개가 치고 장대비가 내리치는데 손님이 들어차 복도의자에 앉아 지사부부는 수건으로 옷자락을 쓱쓱 훑어 내린다. 참으로 당혹스러운 장면이었다.

가까스로 4~5명의 손님이 빠져나가는 틈을 타 방에 들어갔으나 옆자리에선 술판이 벌어져 마구 떠들어댄다. 식탁엔 손님들이 뜯어먹다 남긴 생선 뼈다귀와 휴지, 이쑤시개가 널려 있어 종업원이 물수건으로 쓱쓱 문지르고 있다.

'최상급으로…' 소리치자 한참 뒤에야 회가 나오고 '베리나인' 국산 양주가 올라왔다. 이때 도청 과장이라는 사람이 뛰어들어 넷이서 식사를 하는데 지사부부는 시큰둥한 표정으로 시종 말이 없었다.

식대는 필자가 치렀지만 이렇듯 때깔 없이 손님접대를 한 일도 빈충이처럼 안내한 일은 처음이다.

細川 부처 이인구회장 댁으로

식사를 마치고 나자 도청과장이 가실 데가 있다며 그제 서야 「호소카와」 지사 부처를 안내하겠다고 나섰다. 환영절차가 신통치 않다는 걸 눈치 챘는지 이인구 회장이 그들 부처를 대흥동 자택으로 초청을 한 것이다. 그것을 알아낸 건 다음날 오후였다.

이회장이 이끄는 「한일친선협회」는 순풍에 돛을 단 듯 순항(順

航)을 했다. 그 특유의 뱃심으로 충남 · 대전권 유지와 경제인단을 이끌고 수시로 방일했고 일본 측 내방객은 도맡아 치다꺼리를 했다. 柳홍수 도지사가 떠나고 안응모 지사가 부임하자 답방 형식의 '구마모토'행이 이뤄졌다.

도일(渡日) 하기 전, 安지사가 전화로 점심을 하자 해서 나가 보니 '安국장! 구마모토 의회에 나가 연설을 하기로 되어 있으니 그 연설문을 써 주시오'라고 나왔다.

'글 솜씨가 변변찮아서….' 답하자 도청엔 국제 감각을 지닌 직원이 없다며 멋있게 써보라고 했다. 헌데, 도일 전(1주일쯤) 안 지사의 전화라 해서 받아보니 그는 잔뜩 화가 나 있었다.

1주일 밖에 남지 않았는데 연설문은 어떻게 되었느냐며 볼멘소리를 하는 게 아닌가. 게으른 체질이라 구상만 해놓고 차일피일 하다 그 꼴이 되어 버렸다.

그제야 하룻밤을 꼬박 세워 4,000자 가량의 연설문을 써 가지고 이튿날 지사실로 보냈다. 답방(渡日)준비로 신경을 쓰는 건 도청 뿐 아니라 친선협회(상공회의소)도 마찬가지였다.

도청에선 지사와 기획관리실장, 그리고 수행원 한 두 사람이 전부지만 상공회의소는 기업인, 유지, 친선협회 간부 등 근 20명의 단원이었다. 우리 민간 측에선 출발 전날 결단식을 가진 후 이튿날 안 지사와 李인구 단장을 축으로 김포공항에서 KAL편으로 '후쿠오카'를 향해 날아갔다.

한국인은 上席을 좋아한다

그날은 날씨가 쾌청해서 기상에서 내려다 본 현해탄엔 파도가 허옇게 뒤채이고 있었다. 이런 정경을 보고 시인 「신석초」는 '狂女의 머리칼처럼 일렁이는 파도'라 했던가.

기내에는 안응모 지사와 이인구 회장이 특석에 자리했는데 안 지사 옆에 앉아 있던 박중배 실장(후에 충남지사)이 이쪽으로 다가와 '선배님! 지사님과 정담을 나누시죠.'하며 자리를 비켜준다.

'나눌 정담이 없어요.'하고 사양하자 그는 팔을 끌어당겼다. 지사와 이런저런 이야기를 나누는 중인데 5분이나 지났을까. 도청 계장(수행원)이라는 수행원이 다가와 필자에게 자리 좀 비켜달라고 했다.

지사님께 드릴 말씀이 있다며…. 듣기 민망했지만 자리를 비켜수자 2분도 채 안되어 제자리에 돌아와 안 지사가 필자를 부른다고 했다. 이때 누군가가 귓속말을 하고 있었다.

'큰 참모(실장)와 계장 차이가 바로 이런 것이라고….'

실장도 자리를 비켜 주는 판에 계장이 무슨 보고끼리가 있다고 자리를 비키라마라 하느냐며 웃어넘겼다.

그 계장은 일어에 자신이 있다며 일본에서 지사통역을 간청했다는 이야기가 들려왔다. 안 지사가 베푸는 만찬 초대장도 그 계장이 작성했다는 것이다. 일어 실력을 지사 앞에서 드러내고 싶었을 것이다.

그리고 별 볼일 없는 필자 같은 민간인이 지사와 붙어 앉아 있는 게 눈에 거슬렸는지도 모른다. 아니면 게재에 지사 옆자리에 붙어 앉아 대화를 나누며 '눈도장'이라도 받고 싶었을 것이다.

그런데, 그 계장이 작성한 안내장이 「구마모토」에서 웃음거리가 되고 말았다. 안 지사의 초청장을 받아든 민단 간부들은 물론 일본기자 사이에 화제가 되고 있었다.

계장이 작성했다는 만찬초청장 내용은 이런 것이었다. '참석하시기 바랍니다.'라는 구절을 「お參り ください」라고 작성했다. 통념상 「お參り」란 참배(參拜) 따위에 쓰이는 용어다.

그러니까 충남지사가 베푸는 만찬에 고개 숙여 참석하라는 말일 수 있는데 필자는 못들은 척하고 웃어넘겼다. 젊은 공무원이 좀 튀고 싶은 생각에 저지른 작은 실수를 굳이 나무랄 게 뭐냐는 생각에서였다. 柳홍수 지사 때와는 달리 安응모 지사는 의외의 환대를 받았다.

의외의 환대 받은 安지사

'구마모토'에 도착 호텔방을 정하고 로비에 나오니 의외의 인물 두 사람이 튕겨져 나오듯 필자를 반겼다. 연정국악원장 임윤수씨와 이기덕씨였다.

그들은 우리 대표단과 하등 상관없는 인물들인데 알고 보니 한국코너 개점식 참석차 며칠 전에 건너왔다고 했다. 임윤수씨는 알려진 대로 국악인이고 이기덕씨는 전 중도일보 총무국장 출신으로 전 국방장관 이기백장군의 형이다.

필자를 보자 이기덕씨는 '태극기를 꽂고 가야지?'하며 농담을 걸었다. 이 두 사람은 첫날부터 우리 대표단에 끼지 못해 안달했지만 그럴 게재가 아니었다.

특히 임윤수씨는 공식파티에 끼질 못해 좌불안석이었다. 이튿날 행사 때 단상에 앉질 못한 게 못내 아쉬웠던지 그 특유의 험구가 터져 나왔다. '어른 대접을 할 줄 알아야지!'로 시작, '오랑개 놈들이 선비를 알 리가 없지!'하며 흥분을 감추지 못했다.

이튿날 호텔입구에서 마주치자 가래침을 '퉤!' 뱉으며 그 답지 않게 몽니를 부렸다. 필자와는 임의로운 사이라 '성(형)님? 나이값이나 하슈! 여기에 낄 군번이 아니잖아요!' 했더니 '그래 잘 논다!'하며 거리로 뛰쳐나갔다.

행사 당일 단상에는 양측 대표단 자리가 마련되어 있지만 필자는 한 발 비켜섰다. 단하의 일본손님 틈에 끼어 행사를 지켜보는 것으로 만족해야했다.

우리 일행 중에는 단상에 오르질 못해 어찌할 바를 모르는 사람도 있었다. 객석에 앉아 있는 필자를 보고 「구마니찌(熊日)」 논설위원장 「히라노(平野)」씨가 '선생! 주빈이 단하에 앉아 왜 이러슈?'했다.

편해서 좋다고 답하자 그는 고개를 끄덕거렸다. 한국인만큼 좌

석배치에 신경을 쓰고 단상, 상석을 선호하는 예가 어디에 또 있는가를 생각해보는 순간이었다.

우리 대표단 일행은 「구마모토(熊本)」 현청 대회의실에서 일본 측과 역사적인 상견례를 가졌다. 양국 애국가 연주에 이어 쌍방대표의 환영사와 답사, 예물교환 등이 식순대로 진행되었다.

安지사는 해외공관에서 일한 경륜 탓에 의연한 자세로 그들 앞에 섰고 국제 감각이 남다른 이인구회장 역시 세련된 모습을 보였다.

필자는 안 응모 지사에게 이런 말을 했다. 머리말은 영어로 하고 나머지는 우리말로 하는 게 어떠냐고 떠보자 고개를 끄덕이더니 인사말은 영어로, 나머지는 연설은 우리말로 이어 나갔다.

평생 일본에서 살아온 교포들은 모두 일어에 능하지만 통역은 문교부에서 파견한 교육원장에게 맡겼다. 이에 「오타(織田)」라는 일본 명으로 행세해온 민단(民團)단장의 눈꼬리가 이마 쪽으로 올라붙었다.

통역이 어설프다고 투정을 했다. 그는 유창한 일어를 구사하지만 모난 성격 탓에 민단(民團) 비리를 일본신문에 고자질하는가 하면 수사기관에 고발하는 등 일인들마저 혀를 내젓는 인물이라 했다.

日 측의 정중한 환영자세

환영식(상견례)은 곧바로 파티로 이어져 양측 대표들은 서로 와인을 '짤그랑', 부딪히며 친선 교류를 합창했다.

민요와 「오도리(춤)」 「샤미셍(악기)」이 흥을 돋울 무렵 필자가 '메인테이블'의 「호소카와(細川)」 지사부인에 다가가 손을 덥석 잡고 단상으로 올라가 '부인! 노래 한 곡 청합니다.'하자 그녀는 싫지 않다는 듯 마이크를 잡았다.

박수가 멈추자 '호소카와 안사람입니다.'라고 인사를 하고는 간드러지게 노래를 불렀는데 앙코르 송은 「미소라히바리」의 「능금의 계절」이었던 것으로 기억된다.

필자는 「호소카와」 지사부부와 초면이 아니었다. 대전방문 때 유성호텔 V. I. P룸에서 인터뷰를 했고 「구마모토」 지사실에서 두 차례나 단독회견을 가진 바 있기 때문이다. 지금 생각해봐도 필자의 객기는 구설을 들을 만했다.

나중에 들은 이야기지만, 「호소카와」 부인을 단상으로 끌고 올라간 필자에 대해 '아니? 저 사람은 한국에서 온 신문기자가 아닌가?' 또는 '손님이 저렇게 설레발을 치다니….' 등의 평이 나돌았으니 그때 일을 생각하면 지금도 얼굴이 달아오른다.

이튿날, 安응모 지사는 예정대로 의회에 나가 연설을 했다. 당시에는 전방위외교(全方位外交)를 펼치는 세상이지만 80년대 초에는 생각하기 어려운 일이었다. 도 단위 지자체가 외국과 결연을 한 건 충남이 제 1호였으니 화제를 모은 건 당연했다.

安응모 지사의 의회연설

安지사의 연설은 4000자 불량의 내용이었다. 그 내용은 다음과 같다. 安지사의 연설 도중 여러 차례 박수가 터져 나왔다. 박수갈채 속에 행해진 안 지사의 연설은 매우 인상적인 것이었다.

또 한 가지 이날 「한국상품 사주기」와 「한국코너」 개장식을 빼놓을 수 없다. 시내 백화점 「즈루야(鶴屋)」에서 「호소카와(細川)」 지사가 '한국 상품사주기'에 앞장서 당일 800여만 엔이 팔렸다.

우리 돈으로는 약 1억 원에 해당하는 액면이다. 우리 대표들은 이어 '한국코너' 개장 테이프를 끊었다. 새로 단장한 점포에선 나전칠기, 칠보, 쇠뿔문갑, 인삼제품, 도자기, 부채(竹扇) 등이 선보였다.

외국상품을 기피하는 일인들이 「구마모토(熊本)」에서 하루에 한국 상품 800만 엔을 샀다면 그것은 굉장한 매상고라 할 수 있다. 그 무렵 미국이 자국 상품을 기피한다고 투정을 부리자 일본 수상이 백화점에 나가 미제 '바클'을 사들고 권유하던 것과는 사뭇 다른 분위기였다.

그만큼 충남도와 '구마모토' 현간의 자매는 색다른 성격을 지녔다고 할 것이다. 우리 일행은 그날 해상국립공원 「아마쿠사(天草)」를 돌아보며 해안 식당에서 식사를 챙겼다. 그 식당(귀빈실)

엔「호소카와」지사 부인의 시 구절이 내걸려 있었다.

雲仙丘を 眺めながら
天草の 海を 腹にいっぱい
収めました
— 細川 桂代子

액자에 담아 내 건 글귀는 이런 내용이다.「운센(雲仙)언덕을 바라보면서 아마쿠사(天草) 바다를 한껏 뱃속에 챙겼습니다.」라는 명구였다. 코스모스처럼 청초한 모습의 그녀가 어떻게 이런 글을 썼을까.

글귀로 봐서는 여장부, 여걸의 기개를 연상케 하는 대목이다. 필자가 이 글을 메모하는데 옆에서 李기웅 충청은행장이 소리 높여 이 글을 애송하고 있었다.

安지사의 기자회견

안응모 지사의 기자회견에는 갖가지 질문이 쏟아져 나왔다. 전국주요 신문과 지방지기자 TV카메라가 몰려 연신 플래시를 터트렸다. 기자들에 둘러 싸여 안 지사는 긴장하는 모습이 역역했는데 이때 필자가 교통정리(?)를 자처하고 나섰다.

'기자 여러분! 안 지사를 수행한 아무개 편집국장입니다. 선배인 제가 좀 거들겠습니다.' 전제하고는 여러분과 일문일답을 하려면 장시간 걸릴 듯하니 시간절약을 하자고 했다.

이에 「아사히」, 「요미우리」, 「산케이」는 유사한 질문이니 한 사람으로 하고 「구마니찌(熊日)」는 설문 그대로, 「RKK」, 「사쿠라」, 「아사히」 는 각기 한 가지씩 질문만 하라고 가닥을 잡아나갔다.

그리고 안 지사를 향해선 되도록 민감한 정치문제 같은 건 슬쩍 비켜서는 게 좋다고 했다. 재치 있는 안 지사는 그렇게 해서 무난하게 타고 넘어갔다. 이런 인연으로 필자는 그곳 일본기자와 오늘날까지 교분을 갖는 이가 여럿 있다.

특히 「규슈(九州)」 제일이라는 「西日本신문」, 「이테(伊手俊作)」 차장은 「종전(終戰) 50년」 특집으로 연재한 「윤동주」 시인의 「빼앗긴 詩魂」을 필자에게 보내와 한국 신문에 실어줄 것을 요청한 일까지 있었다.

필자가 취재를 위해 일본에 건너간 횟수는 80여회로 때론 1개월, 2주일, 3주일을 묵으며 뛰어다닌 기억이 스크린처럼 뇌리를 스친다. 일본 수상의 회견, 한일의원연맹 도쿄대회 취재, 일본 국회탐방, 일본의 지성(학자) 접촉, 한 · 일 친선 교류 등등이 아직은 생생하게 남아 있다.

제3부

| 안영진 수필집 |

안 · 영 · 진 · 의 · 문 · 화 · 기 · 행

테레사 聖女와의 對話

내가 저지른 筆 · 說話 사건들

3 · 1 만세 98주를 보내며

제2의 6 · 25는 결단코 없어야 한다

가야는 일 황실의 모태

한국 정치지도자들의 초상(肖像) '비폭력 불복종'주의 간디를

생각한다

테레사 聖女와의 對話

― 캘커타에 달려가 만나다

캘커타에 달려가 테레사 수녀를 만난 것은 1994년 1월 8일이었다. 그 때 필자는 「인도 기행」 연재 계획을 갖고 1개월간 예정으로 취재에 열을 올리고 있을 때였다.

알려진 대로 인도란 턱없이 넓은 대륙인데다 4대 문명의 발상지(發祥地)라서 가는 곳마다 숱한 유적과 엄청난 이야깃거리와 만날 수 있었다. 9억 5천만 명의 인구에 '종교천국'으로 이름난 노대국(老大國), 어디에서 시작하여 어느 선에서 매듭을 짓고, 또 무엇을 어떻게 다뤄야 할지 그저 망연할 뿐이었다. 단순관광(눈요기)을 하는데도 1년은 족히 걸리고 총론(總論)을 얻는데 수십년이 소요될 것이라며 웃어 보이던 조원형 공보관의 말을 실감한 건 한참 뒤였다.

그래서 다음과 같이 가닥을 좁혀 나가기로 계획을 수정했다.

① 인도의 종교
② 간디와 네루의 정치 이념
③ 3백년간 인도를 착취한 영국의 '동인도 주식회사'
④ 테레사 수녀와의 인터뷰
⑤ 시성(詩聖) 타고르의 생애
⑥ 불교성지 답사 등

하지만 캘커타에 달려가 테레사 수녀와 인터뷰를 갖기까지엔 꽤나 애를 먹었다. 그녀를 만나는데 꼬박 이틀간 공을 들여야만 했다. 또 만나는데 차질이 생기지 않을까 싶어 뉴델리, 봄베이, 마드라스 등지에서 간간 전화도 걸었다.

그러나 인도의 전화 사정은 알아 줄 만했다. 수화기에서 '이잉!' 소리가 울리면 영락없이 전화는 끊기고 말았다. 그리고 수도원 측에서도 '워낙 바쁜 분이 돼서'라며 시간 예약을 딱 부러지게 할 수 없다는 회답이다.

어차피 가야 할 '코스'가 되다 보니 서둘러 비행기를 이용하는 수밖에 없었다. 공항에 내리자마자 먼지를 뒤집어쓴 택시를 잡아 곧장 달려갔으나 예상대로 '출타 중'이라 하지 않는가. 인도는 시간관념이 없는 나라로 유명하지만 쉴새없이 발로 뛰는 그녀를 만나기란 쉽지 않았다.

해질 무렵 또다시 그곳을 노크해 봤지만 역시 허사였다. 밤에나 들어오실지 모른다며 보좌수녀는 민망한 표정을 짓는다. 내일 오전에 한 번 더 들러보라며 아무래도 '인터뷰'는 어려울 것 같다는 대답이었다.

취침시간과 미사시간 외엔 몰려드는 신도와 순례자들에 둘러싸여 따로 시간을 내기가 쉽지 않다고 했다. 독대(獨對)가 어렵다면 일반적인 사항은 보좌수녀로부터 간접 취재를 하는 게 현명하다는 생각마저 들었다. 게다가 테레사 수녀는 신문 · TV 등 매스컴에 비치는 걸 달갑게 생각지 않는다는 설명이다. 테레사 수녀는 로마 교황과 함께 20세기 인류의 정신계를 움직이는 양대 지주라는 건 널리 알려진 사실이다. 그리고 노벨평화상까지 받은 인물이다.

혈통은 알바니아계로 소녀 시절 카톨릭청소년단체에 가입, 선교활동을 하면서 역사는 시작된다. 초기엔 히말라야 산자락에 자리한 다질링의 '로레라' 수녀원에서 수련을 쌓았고 예비수녀 과정을 거친 뒤 캘커터의 성(聖) 마리아 여고 지리(地理)선생으로 20년간 보냈고 1944년엔 그 학교 교장으로 취임을 했다.

2차대전이 끝난 49년 어느 날 그녀는 열차를 타고 봉사에 나섰다가 주(主)의 부름을 받고 인도된 곳이 현재의 캘커타 빈민가라 했다. 거기에서 가난한 자를 돕기 위한 간호사 일을 배우기 시작했고, 그 다음 설립한 게 '사랑의 선교회'라는 설명이었다.

빈민가로 유명한 캘커타에서 일평생 몸을 바치기로 결심한 것도 이때 일이다. 그를 따르던 제자들이 모여들지 구호단체를 구성, 교황 비오 2세의 인가를 50년에 득했고, 65년엔 교황 직속 기구로 승격을 하기에 이르렀다. 그녀는 80세 중반까지 일관되게 버림받은 자와 가난한 자를 위해 일했다. 그녀는 일상 외쳐왔다.

"주여. 사랑을 받기보다는 사랑하게, 위로 받기보다는 위로하게, 또 이해 받기보다는 이해하게 하시고, 스스로를 죽여 영생하게 하소서. 아멘!"

'사랑의 선교회'는 48년 단돈 5루피로 시작, 오늘에 와선 4대양 오대주에 59개국 4백 55개의 구호기관으로 늘어났다. 휘하엔 2천 5백여 명의 수녀와 수천 명의 자원봉사자가 각지에서 왕성하게 활동을 펼치고 있다. 살아 있는 성녀. 그녀를 가까스로 만난 것은 다음날 오전 11시경이었다.

성녀란 죽은 후에나 교황이 내리는 것으로 아무에게나 주어지는 칭호가 아니다. 원래는 시성식을 거쳐 품위에 오르는 게 순서인데도 그녀를 성녀라 부르는 것은 그만큼 명성이 높기 때문이다.

무릇 수녀는 수도원에서 생활하도록 되어 있으며 수녀의 집은 관상수도원과 활동수도원으로 구별된다. 관상수도원의 수녀는 평생을 바깥세상과 담을 쌓고 울안에서 기도만을 울리다 생을 마감한다. '카멜' 또는 '트리피스트'수도원이 그 예에 해당한다. 반면 활동 수도원의 수녀들은 바깥세상에서 활동을 벌인다. 병원 · 유치원 · 자선단체 등에서 일하는 경우를 말한다. 보좌수녀의 안내로 필자는 어렵사리 성녀 앞으로 안내를 받았으나 순간 어리둥절했다.

'이럴 수가?'

응접실은 말할 것도 없고 정문 앞과 골목 복도 뜨락까지 온통 인파로 웅성거렸다. 이렇듯 발을 들여놓을 틈이 없는데, 늘상 그렇다고 했다. 그러니 차분하게 마주앉아 인터뷰를 할 분위기가 아니지만 답답한 건 이쪽이다. 보좌수녀는 기자 분이라는 말을 앞세우며 인파를 뚫고 테레사 앞으로 안내했다.

마더 테레사 수녀와의 회견(會見)

(▷테레사 수녀 ▶필자)

▷ 아. 서울 코리아에서?

▶ 그렇습니다. 뵙게 되어 영광입니다.

▷ 수년 전 서울에 가본 적이 있어요.

▶ 그때는 해외취재엘 나가 뵈올 기회를 놓쳤습니다.

▷ 서울 사당동 달동네를 가 봤는데, 서울은 발전하고 있었고 환경도 퍽 쾌적했습니다.

▶ 한국인들은 열심히 일하고 있습니다만.

▷ 그래도 불우한 사람들이 많다는 걸 확인했어요.

(응접실은 콩나물 시루처럼 사람들로 북적거려 좀처럼 가라앉을 기미가 보이질 않았다.)

▶ 건강은 어떠하십니까?

▷ 하느님 은총이 계셔서.

(볼품없이 작달막한 키에 허리까지 구부정한 성녀였다. 그러나 그 작은 체구에서 그 같은 힘이 어떻게 솟아나는 것일까 의심스러울 따름이다. 하지만 그것은 정신력의 소산일 것이라는 생각이 짐짓 머리를 스쳐간다. 빼다 박은 서구(西歐) 골격인데 비해 피부색은 영락없는 뱅골 원주민이라는 인상을 지울 수 없었다.)

▶ 아직도 전용차는 안 갖고 계십니까?

(지난 63년 바오로 교황이 인도 방문 때 그녀에게 선물한 리무진 차를 구호사업을 위해 처분했다는 일화가 떠올라 그렇게 물었다.)

▷ 전용차를 갖고 있을 필요가 없어서.

(이때 재빨리 보좌수녀가 말을 가로막고 나섰다. 선교회에서 운영하는 봉고 차와 국산(인도)차를 필요에 따라 이용할 뿐이라 따로 전용이 없으며 근거리는 걸어다니고 시내에선 릭샤(인력거)를 타고 다니신다 했다.)

▶ 경호원을 대동하지 않는 특별한 이유라도.

▷ 경호원이 왜 필요합니까?

(되레 반문을 했다. 가진 것도 없거니와 위대한 일을 하는 것도 아닌데 굳이 경호원이 있을 까닭이 뭐냐는 뜻이다.)

▶ 노벨평화상을 수상하실 때 조건부, 즉 단서(但書)를 붙이셨던 기억이 아직도 생생합니다.

▷ 연회나 찬사 같은 게 번거롭다는 생각 때문이었습니다.

(그때 내건 조건이란 '연회'를 열지 말고 그 비용을 가난한 자를 위해 쓰인다면, 이었다. 이에 대해 매스컴에선 다투어 대서특필을 하며 수선을 떨었지만 '파티'나 요란한 의식 따위를 사치라 생각했을 게 분명하다.)

▶ 지나칠 정도로 가난한 자를 비호한다는 평들이 있는 것으로 압니

다만.

▷ 생각 차이겠지요. 그 점에 대해 신경을 쓰지 않기로 했습니다. 가난한 사람이 날로 늘어나는 세상이니.

(이렇듯 인터뷰 쪽으로 몰고 들어갔다. 사람들에 둘러 싸여 더 이상 물어 볼 분위기가 아니었지만, 이 와중에도 그녀를 찾아온 신도와 순례자(巡禮者)들은 법석을 떨고 있었다. 옆에서 헌금을 바구니에 챙기며 수인사를 나누랴 보좌수녀는 정신이 없었다. 한국에서처럼 방명록에 기재를 하거나 봉투에 금액을 쓰는 따위 일이 없다. 달러나 루피(인도화폐)를 호주머니에서 꺼내 맨손으로 전하면 되는 것이다.

그러니 조건 없는 헌금일 뿐이다. 또 찾아오는 사람들은 카톨릭 신자만은 아닌 듯 차림으로 보아 자이나 · 시크 · 회교 신도도 있는 듯했다. 또 여자들만 찾아오는 것이 아니라 남자도 있고 피부색과 국적 따위를 굳이 따지지 않는 분위기다. 모두 앞에 가서 허리를 굽혀 경의를 표하기도 하고 그녀의 발등에 손을 얹었다가 그 손을 자신의 볼에다 갖다 대며 감격하는 순례자도 있다.

샌들인지 슬리퍼인지 모를 간편한 신발인데 태양에 그을린 얼굴만큼이나 발등은 검게 타 있었다. 일상 가난한 자 버림받은 자를 찾아 나서고 멀리 아프리카 암흑대륙 오지까지 드나드는 그 발이 아닌가. 이때 보좌수녀가 짐짓 시계를 들여다보더니 필자에게 눈짓을 했다. 이쯤 해두자는 신호임을 직감한 필자는 마지막 인사 겸 한마디를 더 곁들였다.)

▶ 한국 국민에게 메시지 한 말씀을.

(그녀는 자연스럽게 카드를 꺼냈다. 자신의 사진이 들어 있는 카드 뒷면에 메시지를 담았다.)

당신의 마음속에 함께 하시는
하느님 사랑과 기쁨을
당신이 만나는 모든 사람들
특히 가족과 이 기쁨을 나누십시오.
언제나 함께 기도합시다.
하느님의 가호가 있으시길.
— 테레사

의외의 선물을 얻어냈다는 생각에 허리를 굽혀 그녀에게 사의를 표했다. 그리고 준비했던 헌금 1천 루피를 보좌수녀에게 건네고 나니 그렇게 마음이 편할 수가 없다. 목적을 이뤘으니 사람들 틈 사이를 비집고 채리티(Charity)를 빠져 나와야 했다.

발걸음이 더 없이 가볍기만 하다. 골목을 벗어나 큰길에서 릭샤를 잡아타고 그녀가 운영하는 〈죽음을 기다리는 사람의 집〉을 찾았다. 3층 집, 언뜻 보아 일반 점포 같은 평범한 건물이었다. 건물 안 분위기는 생각처럼 어둡거나 비참한 것도 아니다. 거의가 노약자 또는 무의탁자들로 무료하게 침대에 누워 있거나 쪼그리고 앉아서 기도하는 모습들이 눈에 들어 왔다. 복도와 실내를 서성거리거나 왔다갔다하는 사람들은 곧 사자들임을 알아 볼 수 있었다.

죽음을 기다리는 사람들치곤 초조해하는 기색이라곤 없다. 그저 하루속히 죽길 바랄 뿐이다. 제공하는 식사나 먹고 죽을 날만 기다리는 모습을 무어라 표현해야 옳을 것인가. 인도에선 이런 부류가 허다하기 때문에 누구 하나 기행(奇行)이라 생각지 않는다. 영생에 집념하다 보니 이 세상(현실)을 하찮게 보는 경향이 있다. 이는 인도 특유의 종교적 영향 탓이라 보아진다.

'종교란 홍을 죽이는 의식이다'라고 한 네루 수상의 말을 떠올려 봤다. 필자는 테레사 수녀의 인터뷰 후 그녀를 또 한번 먼 발치에서 지켜본 일이 있다. 불교성지 취재를 마치고 뉴델리로 돌아오는 길이었다. 공항 커피숍에서 차를 들고 있는데 누군가가 '테레사다!'하고 외치는 게 아닌가. 구부정한 모습에 작은 키의 테레사가 틀림없었다.

웅성거리던 인파가 약속이라도 한 듯 그녀에게 길을 터주는 것이었다. 성녀에게 보내는 경의 표시에 다름 아니다. 그만큼 존경받는 존재임을 일깨워 주는 순간이기도 했다 그 때의 모습이 오늘 이 순간에도 눈앞에 선하다.

■ 별세에 즈음한 언론 보도

교황 요한 바오로 2세는 대리 참석한 안젤로 소다노 추기경이 대신 읽은 메시지를 통해 다른 사람들이 가난의 대처 방법을 토론하며, 이 토론에 테레사가 참여하지 않는 것을 비난할 때 그녀는 묵묵히 빈자들을 위한 삶을 살았다고 찬양.

교황의 메시지는 그녀가 자신을 비난하는 사람들에게 '나는 가난한 사람들 중에서도 가장 가난한 사람들의 곁에 무릎을 꿇을 것'이라면서 '그들은 토론이 필요한 것이 아니라 사랑이 필요하다'고 응답했다고 추모.

■ 테레사 수녀, 성인 반열 오르다

인도 캘커타의 빈민을 위한 삶을 살았던 테레사 수녀가 곧 성인 반열에 오른다.

헨리 드수자 캘커타 대주교는 28일 "테레사 수녀의 경우, 〈성인이 되려면 사후 5년이 지나야 한다〉 는 규정을 포기하는 서한을 작년 12월 교황청이 보내왔다."며 "테레사 수녀와 관련된 기적의 증거와 증언을 교황청에 보냈다."고 말했다. 테레사 수녀는 97년 9월 세상을 떠났다.

교황청은 "규정보다 빨리 성인 반열에 올려야 한다는 요구가 너무 많고 강해, 교황 요한 바오로 2세가 규정 포기를 지시했다."

고 말했다. 시성은 두 가지 이상의 기적이 있어야 된다.

현재 두 가지 기적이 교황청으로 보내져 절차를 밟고 있다. 첫 번째는 미국에 사는 한 프랑스 여인이 교통 사고로 갈비뼈가 부러졌는데, 테레사 수녀의 메달을 걸었더니 기적처럼 치유됐다는 것. 또 암을 앓던 한 팔레스타인 소녀는 꿈에 테레사 수녀가 나타나 "아이야, 네가 다 나았다."고 말하자 치유됐다고 한다.

■ 테레사 수녀의 그 '거룩한 손'

마더 테레사, 가난한 이들의 어머니. 광활한 우주 한켠에서 근심 어린 얼굴로 지구를 내려다보며 가난한 이들을 위해 간절히 기도하고 있는 당신의 모습이 보입니다. 밭두렁 같은 주름 투성이의 얼굴, 합죽한 입가에 번지는 외할머니 같은 미소, 마치 지팡이 손잡이 부분처럼 허리가 굽은 구부정한 당신의 모습이 보입니다. 불쌍한 지구를 쓰다듬고 있는 쭈글쭈글한 당신의 그 거룩한 손이 보입니다.

돌이켜보면 사랑이 절대적으로 궁핍한 세월이었습니다. 사랑의 절대적 빈곤이 끊임없이 전쟁과 죽음과 굶주림을 불러일으켰습니다. 인간의 존재 가치가 한 마리 개미나 파리보다 못한 경우가 더 많았습니다. 신은 인간에게 사랑을 주면서 동시에 증오를 주었으며, 인간은 사랑보다 증오의 편에 서서 20세기를 살아 왔습니다. 오직 소수의 사람만이 신이 주신 사랑의 편에 서서 사랑을 실천하였습니다. 그렇습니다. 20세기에도 사랑을 회복하고 실천하고자 하는 이들은 있었습니다.

인종적 종교적 편견이나 국가적 이기심을 버리고 인간의 평등과 존엄성을 지키기 위해 박애의 정신을 구현한 이들은 있었으며 그 중에서도 마더 테레사, 당신의 삶은 어린 왕자가 별에 심은 장미와 같은 것이었습니다. 당신은 인간의 얼굴을 한 자본주의가 실은 악마의 얼굴을 하고 있다는 것을 잘 알고 계셨습니다. 당신은 배부른 사람이 배고픈 사람의 고통을 모르고 있다는 사실을 누구보다도 잘 알고 계셨습니다.

1950년 인도 캘커타에 당신이 세운 빈민구호소 '사랑의 선교회'는 지금 전세계 곳곳에 5백여 개나 설립되어 있으며, 사랑의 선교회 소속 4000여 명 수녀들과 수십만 명의 자원봉사자들이 가난한 이들을 위해 봉사의 삶을 살고 있습니다. 그뿐 아니라 빈민학교와 병원, 나환자 수용소, 임종자의 집, 노인의 집, 에이즈 환자를 위한 집 등이 당신의 사랑의 힘으로 전세계 곳곳에서 꽃피고 열매맺고 있습니다. 정작 당신이 지닌 것은 무명으로 짠 단 두 벌의 수녀복과 샌들 하나뿐이었는데도 당신의 사랑의 열매는 나날이 익고 썩어 또 꽃이 피고 열매를 맺습니다.

스스로 '가난한 이의 대표'라고 하시면서 가난한 이들 중에서 가장 가난하기를 주저하지 않으신 당신! 진정한 사랑에는 고통이 따른다는, 상처 입을 때까지 사랑하는 것을 두려워하지 말라는,

사랑은 어느 계절에나 열매 맺을 수 있다는 당신의 말씀을 우리는 잊지 않고 있습니다.

당신은 우리가 가난한 이들에게 주는 것보다 그들이 우리에게 주는 것이 훨씬 더 많다는 사실을 깨우쳐주셨습니다. 가난한 이들 중에 가장 가난한 이들, 나환자나 굶주려 죽어가는 이들이야말로 이 땅의 예수라고 가르쳐주셨습니다. 가난한 사람이 굶어죽는다면, 그건 하느님이 보살펴 주시지 않아서가 아니라, 여러분이나 내가 그 사람에게 필요한 것을 주려고 하지 않았기 때문이라는 당신의 말씀은 진정 옳습니다.

평생 동안 하루 24시간 중 18시간을 봉사하는 일로 보낸 당신은 실천 외에는 사랑의 다른 방법을 제시하지 않았습니다. 작은 실천이야말로 큰 사랑이라는 것을 가르쳤습니다.

한번은 '사랑의 선교회'에 쌀이 다 떨어져 9000명이나 되는 이들이 그대로 굶주려야 했을 때, 캘커타 시에 있는 모든 학교에 휴교령이 내려 학교에 급식되어야 할 빵이 모두 사랑의 선교회로 급식된 그런 기적이 일어난 일도 있었습니다.

당신은 가난한 이들의 이름으로 노벨평화상을 받고 상금으로 받은 돈은 마지막 한푼까지도 그들을 위해 사용함으로써 진정한 부자가 될 수 있는 길도 보여주셨습니다. 돈에 의존하거나 돈 때문에 노심초사하는 사람은 진정 가난한 사람이며, 다른 사람을 섬기는 데 돈을 쓰는 사람은 진정 부자라는 말씀에 우리 모두 노력하고 실천하면 진정한 부자가 될 수 있다는 희망과 용기를 갖습니다.

만일 달에도 가난한 사람들이 있다면 그곳에도 갈 것이라고 말씀하신 테레사 수녀님! 20세기에 인간은 달의 표면에 인간의 발자국을 남겼지만 아직 인권과 굶주림의 문제를 해결하지 못하고 있습니다. 북한 어린이들의 굶주림을 보면 그것을 잘 알 수 있습니다. 우리가 아직도 정치지도자들에게 기대할 수 있는 것은 거짓뿐입니다. 당신이 우주의 한 칸에서 인권의 개념조차 없는 북한의 굶주림 때문에 손수건을 꺼내 울고 계신다는 것을 저는 잘 압니다.

저는 당신이 돌아가셨을 때 인간은 그 얼마나 더럽고 추악한 존재인가 하는 생각이 들었습니다. 그 고통과 절망 한 가운데서도 인간으로서의 아름다움을 잃지 않은 것은 정녕 당신이 계셨기 때문이었던가요.

지금 우주의 어느 별 아래에서 저무는 지구의 20세기를 지켜보며, 희생당할 때까지 사랑하기를 두려워하지 말라는, 적게 가질수록 신은 우리에게 더 많은 것을 준다는 당신의 별빛 같은 목소리가 들려옵니다. 당신은 우리 곁에 영원히 살아 계십니다.

〈어느 추모글에서〉

내가 저지른 筆 · 說話 사건들

ㅡ다시 태어날 수 있다면 박수 받는 주필이고 싶다

입추가 지났는데도 찜통더위는 기세가 꺾이지 않는다. 처음 겪는 폭염이라 해서 모두들 혀를 내두른다. 거기에 무엇 하나 시원스런 소식이 없다. 사드배치 문제로 남북관계는 더욱 얼어붙고 북 · 중 · 러는 다시 결속하려는 움직임이다.

그러니 옛날 「북의 삼각」 냉전시대로 되돌아가는 듯한 조짐이다. 그 바람에 「밀월」 가도를 달리는 듯한 한-중 관계 역시 토라져가는 모양새. 한-일관계도 마찬가지다. 독도, 위안부, 교과서 왜곡 등 여전히 제자리걸음이다.

국내문제는 어떠한가. 여 · 야 간의 반목과 제 밥그릇 챙기기에 급급하다. 이제는 정부의 지지도 당대표의 명도 통하지 않는다. 뿐만 아니라 관료와 정치인의 막말로 예사롭지 않다. 공직사회의 비리, 사법부에 대한 불신, 더욱 심해지는 소득의 양극화 등을 놓고 총제적인 위기라는 이야기가 회자되고 있다.

그래서 시민들은 언론에 기대를 거는 경향이 있다. 하지만 이에 대한 반론도 만만치 않은 듯하다. 한국 언론은 건전하고 도덕적인가 하는 반문이다.

얼마 전 어느 행사에서 행한 모 기관장의 축사내용이 귓전을 때린다. 기자회견을 한다니까 70여 명이 떼를 지어 몰려 오더라며 히죽거린다. 현재 전국에는 18,000여개의 크고 작은 매체가 있다니 놀랍다. 그러니 기자 등살에 시달린다는 뜻이다.

어느 공무원이 사석에서 한 말이다. 옛날 기자들은 간부급만 상대했지만 요즘은 하위직 공무원이 밥을 산다 해도 선선히 따라 나선다고. 기자와 평론가의 기피증은 명사들도 예외가 아니었다. 기자란 '달리는 말 꽁지에 매달린 파리'라며 기피했다는 일화.

이는 '젊은 베르테르의 슬픔', '파우스트'로 유명한 4대 시성의 한 사람인 '괴테'의 이야기다. 또 있다. 미 대통령 제퍼슨은 야인 시절 신문 없는 정부를 택하기보다 정부 없는 신문 쪽에 서겠다더니 막상 집권 후엔 어느 대통령보다 신문을 멀리했다는 게 아닌가.

국민들은 지금 우리 언론계가 건전한가? 그들의 도덕성과 자질에는 문제가 없는지 거듭 묻고 있다. 얼마 전 국회청문회에서 언론계 출신 총리와 장관후보들이 연거푸 낙마한 일이 있다. 한 시대 사설, 칼럼을 통해 세상을 쥐락펴락했던 인물이다.

그들은 몸부림쳤다. 이를 지켜보고 필자는 비로소 내 모습을 되돌아본다. 평생을 칼럼, 사설을 써왔으니 오보와 실수 특히 내가 저지른 결례 같은 게 어디 한두 가지였겠는가. 그러니 제 밑구린 줄 모르고 옆 사람 땀 냄새를 나무라는 꼴이 아니었던가 싶다.

▲ 지금도 잊혀지지 않는 몇 가지 대사건이 있다. 하나는 유신시대 이후락 방북사건(남북화해)을 맨 먼저 터뜨렸다. 이 기사를 내보내며 긴장했는데 그날 오후 필자는 건장한 두 사람에 의해 검은 차에 실려 지하실로 끌려갔다.

그리고는 밤새 시달렸다. 조선, 동아, 중앙지도 다루지 못한 것을 감히 중도일보가…. 하면서 윽박지른다. 취재원(출처)을 대라고 다그친다. 취재원은 댈 수 없다고 했다. 필자는 모든 책임은 내게 있으니 기자는 풀어달라고 했다. 그 이유를 잘 아시지 않느냐며….

처음에는 긴장했지만 밤샘을 하고나니 마음이 가라앉는 듯했다. 잘못되면 쇠고랑(반공법)을 차게 되지만 그러나 파렴치범이 아닌 필화사건이라는데 조금은 마음이 놓인다. 이 사건이 굳어지는 것 같아 잠옷을 보내달라고 부탁했다.

이틀간 을 시달린 끝에 어찌된 일인지 수사관이 미소를 지으며 우리도 직무상 한 일이니 너무 섭섭해 말라고 했다. 그날 전국신문방송이 남북화해시대가 열린다고 보도했기 때문이다. 그렇다면 이 사건은 필화인가. 아니면 특종인가를 생각하며 그때 일을 떠올려 본다.

▲ 또 하나는 5공 초기에 필자가 저지른 설화사건이다. 전국지방지 편집국장회의에서 허문도 차관이 '준엄한 훈시' 중 필자가 막말을 했다.

'차관님 사례별로 지적을 해주십시오. 작금의 계엄령 하에서 중앙지도 숨을 죽이는 판이라 우리들 지방지는 알아서 기었습니다.'

'이 이상 무엇을 어떻게 더 해야 하는 것인지 사안 별로 지적해 주십시오. 그리고 저희 대전일보는 몇 점이나 놓고 계신지 모르겠습니다만.'

장내는 물을 끼얹는 듯 숨소리조차 들리지 않는다. 그는 불같이 눈을 부라리며 이런 분위기라면 회의가 필요 없다고 발언대를 손바닥으로 내리치더니 휑하고 밖으로 나가버렸다.

한동안 회의장은 죽은 듯 조용했다. 문공부 간부들도 넋을 잃은 듯 말이 없다. 그때 전북 모국장이 옆에 다가와 이건 아니야. '허문도를 몰라서 그래.'하며 걱정해준다. 이어 경기신문국장도 이게 웬일이야 술자리도 아닌데…. 자녀들은 다 컸냐고 묻는다.

당신은 이제 끝났다는 이야기다. 나 자신이 저지른 일이지만 이런 결과가 올 줄은 미처 몰랐다. 허 차관과 맞설 위치도 아니었고, 회의장에서 돌출 발언할 생각도 없었다. 굳이 토를 단다면 필자가 전국지방지 편집국장단 회장이기 때문에 몸값을 한다는 게 그 꼴이 되어버렸다.

이 사건 후 한동안 밤잠을 설쳤다. 찍혔다는 생각에서 그러했다. 해직기자들은 허 차관을 저승사자라 부를 때였으니…. 하지만 어찌된 일인지 다음 달 회의 때 만나서는 어깨를 툭 치며 엷은 미소를 지었다. 큰일을 저지르는 인물의 포용력은 따로 있는가 싶었다. 이후 허 차관과는 비교적 무난한 관계를 유지했다.

▲ 또 하나의 사건

전국문화예술인대회장에서 있었던 사건(연사는 서울대 구인환 교수, 차범석 극작가, 필자).

구 교수와 차범석씨는 명성에 걸맞게 박수를 받았지만 필자는 여기서도 문제를 일으켰다. 백제문화의 우수성을 논하다 신라문화를 자극한 꼴이 되었다. 핵심은 신라가 자랑하는 석굴암을 거론하는데 있었다.

결론부터 말하면 석굴암은 신라 독창물이 아니라 신라, 고구려, 백제 이렇게 삼국의 합작품일 수 있다는 점을 들고 나온 데서 폭발했다. 필자는 전문가가 아니기 때문에 통속(상식) 논리를 들고 나왔음을 부인하지 않는다. 석굴암의 설계와 중앙의 좌불은 신라 장인의 솜씨이다.

허나 내벽에 새긴 불상 중 「보현보살」, 「문수보살」 두 불상은 백제솜씨다. 그리고 석굴암 입구 기둥은 고구려 「쌍영총」의 기둥을 모방한 것이 아닌가. 그렇다면 신라의 독창물이 아니라 백제, 신라, 고구려 합작품이라 하면 어떻겠는가.

이렇게 필자의 강연이 끝나자마자 장내는 아수라장이 됐다. 영남지방의 예술인들과 학자들이 떼를 지어 아우성을 쳤다. '사과해라', '정정해라' 필자도 완강하게 이에 맞섰다. 필자는 비전문가임을 전제했고 문화재에 대한 이런저런 토론쯤은 있어야 하는 게 아니냐고 반박했다.

이런 일이 있은 후 곰곰이 생각해본다. 영남 사람들은 '저렇듯 확실한 성격 탓에 떡 하나를 더 챙기나보다'라고. 이쯤 와서 떠오르는 서양의 격언이 있다.

작은 지식은 위험하다.

'A litte knowledge is dangerous'

토막지식을 갖고 본질을 해부하려 했으니…. 이밖에도 많은 이야기 거리가 있다.

▲ 유진산 당수 '왕 사쿠라설'에 격노

지난 60년대 이야기다. 유 당수가 영수회담 때 박정희 대통령으로부터 뭉칫돈을 받았다 하여 시민들이 수군댄 일이 있다. 그 무렵 충남도당 행사에 참석한 그를 향해 필자는 한마디 던졌다. 영수회담 때 큰 선물을 받았다 해서 '왕 사쿠라' 유행어가 나돈다고 하자 그는 버럭 역정을 했다.

'세상물정 모르는 자 같으니라고!' 그의 걸쭉한 목소리가 휴게실에 울려 퍼진다. '독재자 박정희와 싸우는 건 야당뿐인데 야당 후원자는 없지 않은가? 국민도 재벌도 몸을 사리다 보니 외롭게 싸우는 건 우리뿐이다. 정치를 하려면 자금이 필요한데 박정희가 자금줄을 모두 끊어버려 고사 직전이야!'

'궁여지책으로 적으로부터 자금을 뜯어내어 그것을 바탕으로 적과 싸우는 거지….' 듣고 보니 삼국지 이야기가 떠오른다.

▲ DJ '내 처가 서산 출신이오'

60년대 중반 DJ가 박정희 대통령과 대결했을 때 일이다. 중도일보가 지역사회개발을 한창 외칠 때 계룡산국립공원 안이 국회에서 부결된 일이 있다. 그것이 DJ 때문이라는 소식을 접한 중도일보에서는 그를 연일 몰아댔다. 비록 지방지이긴 하지만 각 시도에 기백 부 또는 기십 부씩 나갈 때였다.

그러니 대권후보로서는 몸 달았을 것이다. 이때 그가 대전에 내려왔다. 이웅렬 사장과 필사 그렇게 셋은 대흥동 '미락'에서 대좌했다. 이때 DJ는 국제정세와 남북관계 그리고 민족의 나아갈 길 등 4시간 동안 열변을 토한다.

이어 본론에 들어가 계룡산국립공원 안을 부결시킨 배경을 이렇게 해명한다. 갖가지 현안이 산적해 있는데 제일 먼저 국립공원 안건이 올라왔기에 공화당의 장난인가 싶어 지금이 산타령이나 할 때냐고 부결시켜 버렸다고 한다.

그 바람에 오해는 풀린 셈이다. 자리를 뜨기 전에 그는 필자의 손을 덥석 잡으며 '내 처가가 안 부장 고향이요. 그러니 처가 동네 일을 해코질 하겠소? 생각해보시오.

이휘호 여사의 고향이 서산인 줄 미처 나는 몰랐다. 필자는 그 무렵 DJ 저격수라는 말을 들을 때였다.

▲ YS '노벨상도 이젠 타락했군'

DJ가 노벨평화상을 받았을 때 국민대다수는 그에게 박수를 보냈지만 그러나 YS는 볼멘소리를 했다. 내뱉듯이 '노벨상도 이젠 타락했군!' 이에 필자는 칼럼에서 한 때는 민주화 동지였고 나란히 대통령도 거친 사이다. 필자는 이렇게 꼬집었다.

노벨상 수상이 배가 아프면 모른 척 하거나 아니면 오만원짜리 난초화분 하나 쯤 보낼 일이지 '노벨상 타락' 운운하는 건 대통령을 지낸 인사로선 할 말이 못 된다. 일각에서 이야기 하듯 설령 로비 흔적이 있다 하더라도 국위를 해치거나 민족 또는 대통령 위신을 손상시킨 것은 아니지 않는가.

이렇게 속 좁은 지도자를 모셨던 우리 자신들이 서글퍼진다고 했다. 이 글을 쓰고 나서 필자는 밤중에 욕설전화를 받았다. 전직 대통령에 대한 불경이 아니냐는 항의성 전화였다.

▲ 이회창 후보 아들의 병역시비

이 후보는 대법관 출신이며 원칙주의자로 알려져 왔다. YS 대통령시절 국무총리를 지내며 곧잘 바른 소리를 해온 것으로도 유명하다. 그 바람에 대쪽 체질이라는 평을 받았다. 하지만 아들의 병역기피 시비가 일자 낙마한 꼴이 됐다.

병역시비에 대해 그는 '법적으로 하자가 없다' 이때 필자는 그를 향해 볼멘소리를 했다. 법률이란 만인의 것이지 대법관 전용 법률이 따로 있는가. 바꿔 말하면 6 · 25 전쟁, 월남 파병에서 희생된 영령이나 유가족에게 미안하다고 고개를 떨어뜨릴 일이지 법적으로 하자가 없다고 항변할 일인가.

이에 필자는 이렇게 쏘아붙였다. 다음 날 아침 회장실에 불려가 호되게 꾸지람을 받았다. 나중에 안 일이지만 회장댁과 편집국에 항의전화가 빗발쳤던 모양이다. "까불지마! 세상 무서운 줄 모르고", "내일 모레면 우리 총재 청와대 행이야", "두고 보자"이런 식이었다.

하도 이 회장이 화를 내기에 "제가 책임지겠습니다."라고 하자 눈을 부라린다. "제가 사표내지요"하자 그것으로 끝나느냐고 다그친다. 이 회장은 73년 신문사 통폐합을 당한 아픈 기억 때문이었을 것이다.

▲ 김홍신 의원 공업용 미싱으로 드르륵… 사건

김 의원은 논산 출신으로 이문열, 조정래와 비견할 만한 역량 있는 소설가다. 작가의 꿈을 못 이룬 필자로선 그래서 더욱 좋아 했는지도 모른다. '인간시장'이라는 소설로 일약 스타덤에 오른 작가. 그는 '정치1번지'라는 종로에서 금배지를 단 인물이다.

청렴도에서도 선두그룹에 속한다. 그러나 DJ가 자주 말을 바꾼다 해서 공업용 미싱으로 그 입을 드르륵… 꿰매고 싶다고 쏘아 붙인 것으로 유명하다. 이에 필자는 김 의원에게 한 마디 던졌다. 칼럼을 통해서…. DJ 편에 설 생각은 없지만 현직 대통령에게 무례하다는 뜻에서였다.

DJ 저격수는 김 의원이 아니어도 얼마든지 있다. 대통령을 공격할 경우도 김 의원 만큼은 언어구사가 남과는 달라야 한다. 천하가 알아주는 작가 김홍신이기 때문이다. 이처럼 몰아대자 그 후 세 번이나 김 의원으로부터 전화가 있었다고 했다. 매우 서운하다고.

그 후 임기를 마치고 작가로 되돌아온 그는 신문에 이런 글을 쓴 일이 있다. 의정생활을 통해 많은 분들의 가슴에 상처를 안겨준 점 부끄럽게 생각한다는 것이었다. 이에 필자는 지면을 통해 건필을 빈다고 화답했다.

▲ 천하의 험구 박병배 의원

박병배 의원은 생시 천하에 둘도 없는 험구였다. 75년 한·일 수교 10주년 기념 동경대회에 가서도 그러했다. 집안에서 새는 바가지는 나가서도 샌다했던가. 그는 일본의원에게도 예사로 반말이요, 황실에 대한 욕설도 서슴지 않았다. 물론 사석이지만….

요즘 미국 대통령선거에서 공화당의 후보 '트럼프'를 연상케 한다. 우리 일행은 같은 호텔에 묵는데 너스레를 떨었다. 국회의원 선거가 코앞인네 알아서 하시오.

동경에서 하룻밤 거하게 술을 사면 입을 닫을 것이고 아니면 의원외교는 고사하고 일본의원들 앞에서 쩔쩔매더라고 나발을 불어댄다고 하자 박 의원이 한 잔 거하게 살 터이니 모두 나오라기에 이 뜻을 정종학, 강영구에게 전하자 의외로 반기는 표정이 아니다.

우선 가까운 우동집으로 갔다. 박 의원은 비밀요정에 가기 전에 초요기나 하자는 뜻으로 받아들이는 눈치다. 그러나 술자리는 여전히 냉랭했다. 박 의원은 우리 세 사람 앞에서 특유의 호기를 내세웠지만 정, 강 두 사람의 입장은 이런 것이 아니겠는가.

그때가 유신 전성기였다. 정종학은 충대 법대학장으로 비례대표 또는 충남대 총장 아니면 충남도교육감을 생각해온 인물이다. 그러니 야당의원과 동경 비밀요정에서 밤을 샜다면 잡음이 일 것을 우려했을 게 분명하다. 또 한 사람 강영구는 영관장교 출신으로 야당이라면 아예 고개를 돌리는 인물이다.

박 의원이 말을 하면 강영구는 반박하는 투였다. 이때 박 의원이 분위기를 뒤집어 놓았다. '이 놈 특무대 밀정 아니야?' 이에 강영구는 발끈했다. 필자가 이를 말리자 박 의원이 성냥개비 같은 것을 이쪽을 향해 던졌다. "너는 이거나 먹고 떨어져!"라며….

무엇인가 하고 풀어보니 백불짜리 달러가 아닌가. 이에 필자는 참을 수 없는 모욕감에 몸을 떨었다. 그래서 막말을 했다. 미 FBI 한국지사장은 박병배 의원이라는 풍문이 있는데, 남의 뒤를 캐고 다닌 사람은 늘 내 뒤도 누군가가 쫓고 있다고 생각하는 모양인데.

'그리고 통일당 살림이 꽤 어려울 터인데'하며 내 돈 이백불을 얹어 호주머니에 넣어주었다. 일본 수상 비밀요정 행은 그 바람에 물 건너갔다. 동경취재를 마치고 일주일이 지났을까 박 의원이 신문사에 나타나 '내가 술에 취했던 모양이야!'하며 흰 봉투를 내민다.

봉투 안에는 백불짜리 5매가 들어 있다. 필자는 그 봉투를 돌려주며 '당 살림도 어려우실 텐데….' 그는 '아 이놈이'하며 상아 파이프로 삿대질이다. '이 놈이라니 같이 늙어가면서….' 그는 이렇게 거칠게 나와도 받아들이는 도량을 지닌 거목이었다.

▲ 서정주 시인의 꽃뱀이야기

60년대 유성의 '만년장' 하면 유명한 술집이며 사교장이었다.

그곳에서 미당 서정주 시인을 환영하는 모임이 있었다. 나는 취재차 그곳으로 부리나케 뛰어가 보니 그 자리에는 이재복, 안부슬, 전사진, 황제주 등 혜화전문 출신들이 모여 있었다.

나는 이때 미당 선성에게 정중하게 술잔을 올렸다. 그 자리는 그야말로 미당 선생의 독무대였다. 구수한 호남사투리에 걸쭉한 음담을 섞어가며 '쑥대머리'까지 읊어댄다. 가야금을 뜯는 여인, 승복에 꽹과리를 치는 전사진, 대중가요를 부르는 안부슬, 분위기는 그렇게 달아올랐다.

그러나 필자는 수모를 당하는 분위기였다. 무릎을 꿇고 세 번이나 잔을 올렸는데 반배가 없다. 아예 기자 따위는 안중에 없다는 그런 표정이다. 그래서 노래와 가야금이 짐짓 멈추는 틈을 타 한 마디 던졌다. "선생님! 저는 어려서부터 선생님의 시를 좋아했습니다. 지금은 소설 습작도입니다만…. 선생님은 「국화 옆에서」, 「귀촉도」 그리고 「화사집」 등으로 해서 노벨문학상 후보 또는 민족시인이라고도 하지요. 헌데 화제의 시 '화사'가 '보들레르'의 시(詩) '악의 꽃'을 닮았다고 누군가 지적했지만, 화사란 꽃뱀인데 선생님 것은 프랑스의 풀밭에 서식하는 꽃뱀도 아니고 전라도 논두렁을 기어 다니는 대가리가 두 개 달린 뱀으로 보입니다. 일본 건국신화에 나오는 야마타노(大和), 오로치(大蛇)는 대가리가 여럿 있었다고 합니다만…."

바꿔 말하면 보들레르의 시를 모방했다는 이야기일 수 있다.

이때 '쨍그랑' 맥주잔을 던지면서 버럭 화를 내는 미당 선생.

요즘 젊은 기자 놈들은 저렇게 싸가지가 없다며…. 나도 동아일보 기자 출신이지만 우리 때는 이렇지는 않았다고. 해서 술자리는 엉망이 되어버렸다. 그 자리를 나오면서 얼떨결에 필자는 소리쳤다. '시인이 아니라 황제요, 점령군 사령관 같군!'이라고 한 것 또한 나의 실수였다.

▲ 흠집 투성 언론인생

평생을 남의 일에 끼어들어 흠집이나 건드리며 살아온 모양새다. 100회가 훨씬 넘은 해외취재 과정에서 실수와 결례 시행착오, 때론 망신 같은 게 어디 한두 번이었겠는가. 짚이는 대로 몇 가지 사례를 들어본다.

㉠ 파리에 건너가 시라크 시장(후에 대통령)과 단독 인터뷰 일시를 정해놓고 이쪽에서 취소한 사건. 불문학자와 신부를 앞세워 어렵사리 이뤄진 것인데…. 말하자면 큰 결례였다. 본사에 전화를 걸자 사장이 버럭 화를 낸다. 창간기념일이 코앞인데 언제까지 파리에서 묵을 것이냐며 당장 귀국하라고 불호령이다.

그러나 빈손으로 돌아올 필자가 아니다. 일 욕심 탓이다. 여기서 대타로 회견을 한 것이 '안토니오스'였다. 그는 프랑스 문화성 문예창작국장이며 드골 대통령의 조카사위다. 그 바람에 얻어낸 것이 파리에서 내다 본 동양예술이다. 그것으로 창간기념 특집

컬러판으로 장식한 바 있다.

ⓛ 저 유명한 로마의 베드로 광장에서 일어난 사건. 바오로 교황이 무개차를 타고 광장을 누빌 때 필자는 카메라를 들고 근접 촬영을 시도했다. 그리고는 짐짓 의식을 잃었다. 잠시 후 눈을 떠 보니 경호원이 내 몸을 뒤지고 있는 게 아닌가. 누군가가 내 목뒤를 내리친 모양이다. 목뼈가 뻐근하다.

교황 저격범으로 오인한 모양이다. 이때는 나는 어설픈 어조로 'I am edior', 'Newsman' 어쩌고 했다. 그렇게 수모를 당한 일도 있다.

ⓒ 일본 사회당(도이다카고) 당수의 회견을 요청했다 거절당하고도 서로 막말 시비를 벌인 일.

ⓡ 부산과 구마모토 민간단체(무궁화회) 자매결연 때의 일이다. 필자는 축사를 통해 일본을 강도 높게 비난했다. 헌데 파티장에서 한 남자가 선생님의 말씀을 감명 깊게 들었습니다. 일본 공사 아무개입니다. 그의 눈동자가 수사관처럼 날카롭다.

아차 싶었지만 일본 공사가 참여한 줄 미처 몰랐다. 자매결연 식장에선 성토보다 분위기를 살리는 게 순리인데 이 또한 내가 저지른 설화였다. 이상은 버럭 같은 옛 이야기들이다. 이렇듯 얼룩진 나의 인생, 만약 다시 태어난다면 그래도 붓을 들 것인가? 그렇다 노력해서 빼어난 논객 박수 받는 주필이 되고 싶다.

3 · 1 만세 98주를 보내며

98회 3 · 1 절을 보낸다. 어제가 바로 그날이었다. 그날 2,000만 민족이 활화산처럼 일어나 반만년을 지켜온 단일민족임을 전제, 일제의 야만적 식민통치의 부당성을 만방에 선언독립을 외쳤다. 그럼 오늘의 한 · 일 관계와 국제질서는 어떻게 돌아가고 있는가. 일본은 또 다시 패권주의를 표방, 그들의 엄청난 경제력과 미국을 등에 업고 또 다시 옛날 망상에 사로잡혀 있다. 일본수상의 '야스쿠니'신사 참배, 역사교과서 왜곡, 군비확충을 비롯 영토분쟁을 야기 시키는 등 오만을 떨고 있다.

지난주(22일) 시마네(島根)현의 '독도의 날' 선포는 또 다시 한 · 일 관계에 찬물을 끼얹고 있다. 그들은 독도 뿐 아니라 중국의 '조어도'를 비롯 러시아령 섬(쿠릴열도)의 반환 요구 등 영토분쟁을 일삼아 왔다. 현재 우리는 남북분단은 물론 '남의 3방', '북의 3각'이라는 틈 사이에서 시련을 겪고 있다. 이에 자위자강 능력을 갖추지 못하면 설 땅이 없다는 걸 체험해 본 우리들이다.

동경유학생의 2 · 8 선언

서울의 3 · 1 만세 사건은 도쿄유학생들의 2 · 8 선언에서 자극을 받아 폭발한 일대 사건이었다. 당시 일천수백 명의 도쿄유학생들의 그 선언에 찬동, 불심지에 불을 댕겼다. 이 선언에 이어 359명의 유학생들이 자진 귀국, 이중 127명은 서울로 돌아와 3 · 1 선언에 불을 지폈다. 그 배경을 보면 이렇다. 1918년 1월 제1차 세계대전이 끝나자 '윌슨' 미대통령이 '평화원칙 14조'를 발표한데 이어 파리 강화회의 때 '약소민족의 발언권을 인정해야 한다.'는데 자극을 받은 것이다.

유학생들은 선언에 앞서 11명의 실행위원을 선출, 기초위원으로 백관수, 김도연, 이광수를 지명했으나 문안작성은 소설가 이광수가 맡았다. 그것을 국문, 일문, 영문으로 인쇄, 이를 일본 국회 상 · 하원, 조선총독부, 경찰서, 각국 공관, 신문사로 발송하고 오후 2시 기독청년회관에서 유학생 600명이 모여 선언을 한다. 서울의 3 · 1 선언문은 도쿄 2 · 8 것과 다를 바 없으나 극렬한 문구를 완곡하게 손질했다. 그 점 우리는 이해를 한다. 젊은 유학생들의 더운 피는 강경문구를 썼지만 3 · 1선언에선 부드럽게 표현한 것이다.

손병희가 최남선에게 무력항쟁이 아니라 평화시위라는 점을 강조한 것으로 알려져 있다. 이에 한용운이 불만을 표시했지만 이미 초안이 완성된 상태였다. 예를 들면 이 목적이 달성될 때까지 영원한 혈전(血戰)을 벌인다는 유학생 선언보다 3·1 선언문에선 이를 완곡하게 표현했다. '영원한 혈전(血戰)'이라는 구절 같은 건 빠진 것이다. 유학생의 주도인물로는 백관수, 김도연, 이광수, 송계백, 최근우, 주요한 등이었다.

서울의 만세운동

3·1 운동 개요를 좁은 지면에서 구체적으로 소화할 재간은 없다. 도쿄유학생들의 2·8 선언은 이렇게 서울 3월 1일 만세운동에 불을 지폈는데 그때가 공교롭게 고종황제의 인산(因山) 때였다. 국장 때 전국에서 문상객이 올라오기 때문에 그날을 피해 1일 강행한 것이다. 33인 대표 중 4명이 빠지고 현장에는 29명이 나왔다. 빠진 인사는 길선주, 김병조, 유여대, 정춘수 등이었다. 민족대표 33인이 파고다공원에 집결, 손병희 대표가 선언문을 낭독한 것으로 알고 있지만 내용은 다르다.

민족대표 29명은 장소를 인사동 '태화관'으로 옮겨 2시에 역사적인 선언문을 낭독했는데 파고다공원에 군중이 몰려 일본경찰과의 충돌을 피하기 위한 조치였다. 비폭력 시위를 한다는 뜻에서였다. '태화관'에서 선언을 마친 민족대표들은 간단한 식사를 들며 총독부에 전화를 걸었다. 행사를 마치고 축배를 드는 중이라고 통고하는 여유까지 보였으며 그렇게 해서 대표전원은 경찰에 자진체포를 당했다.

그 시각 파고다공원엔 수많은 군중이 운집하자 청년 '정재용'이 단상에 올라 '독립선언문'을 낭독했다. 이를 신호로 학생과 시민들은 만세를 외치며 거리로 진출, 그 물결은 전국으로 파급되었다. 이날 행진 때 어느 학생이 '조선독립만세'라는 플래카드(혈서)를 들고 나왔는데 여기서 웃지 못 할 일이 벌어졌다. 때마침 인력거를 타고 퇴근하던 일본인 경기도지사가 군중들의 강요에 못 이겨 모자를 벗고 '조선독립만세'를 부르는 촌극까지 벌어졌다.

독립선언의 파장(波長)

서울의 만세운동은 조선민족의 위대함과 자주독립의지를 만방에 알리는 게기가 되었다. 동양에서 제일 먼저 노벨상을 받은 '타고르'는 아시아의 등촉(燈燭)이라는 시를 써서 동아일보에 게재한 것도 그 직후 일이었다. 그 파장은 인도의 비폭력, 무저항, 배영(排英)주의를 가져왔다. 그 선봉에선 '간디'는 말했다. '악(惡)에 대한 비협력은 선(善)에 대한 협력과 똑같이 인간 지상(至上)의 의무'라고 설파한 것이다. 어디 그 뿐인가. 중국의 5·4 운동, 아시아, 중동, 터키 등의 민족운동을 촉진시켰다는 건 한민족의 위대함을 말해주는 것이다. 이 운동에 놀란 일제는 문화정책으로 전환, 총독을 하세가와(長谷川好道)에서 사이토(齊藤實)로 바꿨다.

그러나 달라진 건 아무것도 없었다. 36년간 9명의 총독이 바뀌었지만 문관은 한 명도 없고 육군, 해군 출신 대장으로 이들 총독은 하나같이 강성인물이었다. 사이토는 두 번이나 조선총독을 지낸 자이다. 3 · 1 운동에 참가한 연 인원수는 202만명, 사망자 500여명, 부상자 15,000여명, 불탄 민가 700여 채, 교회 47동, 학교 2개라는 피해를 가져왔다. 이렇듯 핍박을 받으면서도 우리 민족은 굴하지 않고 더욱 조직을 강화, 해외에선 무장단체의 결성, 중국 상해에는 임시정부를 수립, 일제와 맞섰다.

그러나 민족대표에도 배신자가 생겼다. 최린(崔麟)은 조선총독부 기관지 '매일신보' 사장에 취임, 대동방주의(大東方主義)를 주장, 일본의 '대동아공영권' 노선을 적극 비호하고 나섰다. 그는 또, 조선총독부, 중추원참의(中樞院參議)를 비롯 일본이 중국을 침략하자 '조선임전보국단' 단장을 맡는 등 광분했다. 그는 6 · 25 때 납북된 후 소식이 끊겼다. 박희도(朴熙道)도 마찬가지였다. 그는 형무소생활까지 한 바 있으나 출옥 후 친일 쪽으로 기울며 동광(東光) 잡지 주관으로 일하다 해방 후 반민특위(反民特委)에 체포된 일도 있다. 또 있다. 충북 청주 출신 정춘수(鄭春洙)는 민족대표로 나섰다가 일제 말 친일행각이 드러나 공원에 세운 그의 동상이 철거를 당했다.

충청권은 충절의 고장

민족대표 33인 중 충청권 인사는 얼마나 되는 것일까. 손병희

(孫秉熙)를 비롯 신홍식(申洪植), 정춘수(鄭春洙), 이종일(李鐘一), 한용운(韓龍雲)이 있다. 이중 이종일은 경기도 출생이지만 충남 태안과 깊은 연고가 있어 그의 기념관이 태안에 세워져있다. 또, 정춘수는 33인 대표에 서명하고서도 3 · 1 선언장엔 나타나지 않았다. 어떻든 충청권은 도세가 작은데도 시대마다 애국인사를 많이 배출한 고장이다. 임진란 때는 이순신(李舜臣), 개화기에 최익현(崔益鉉)을 비롯 청산리 전투의 김좌진(金佐鎭), 이범석, 윤봉길(尹奉吉), 여학생 신분으로 순국한 유관순(柳寬順) 그리고 신채호 등 이루 다 열거할 수 없이 많다.

그래서 충청권을 양반의 터전이니 충절의 고장이라 일컬어왔다. 특히 3 · 1 운동과 관련 우리는 이 고장 출신 한용운과 유관순을 생각하지 않을 수 없다. 한용운은 민족대표 뿐만 아니라 불교계의 지도자로 보는 시인으로 널리 알려진 인물이다. 그는 3 · 1 선언문 기초를 위임받은 최남선을 호되게 몰아붙인 것으로도 유명하다. 최남선이 앞으로 학문이나 가다듬으며 살아갈 생각이니 대표서명에선 빠지고 선언문 기초만은 책임지겠다고 한데 분노, "대표성(서명)도 없는 사람이 선언문 작성이 웬말이냐?"며 한용운 자신이 기초하겠다고 나섰다.

하지만 이미 초안이 끝난 뒤였다. 그래서 끝부분 요구항목만을 첨가했다고 전해온다. 그는 이후 '불교유신론'과 '님의 침묵'이라는 명시를 남겼다. 그는 또 소설도 썼다. 조선일보에 '흑풍'이라는 장편으로 명성을 날렸다. 그는 또 시에 있어 밑도 끝도 없는 서정성에 가위질을 하는데 앞장섰다. 또 한사람 천안출신 유관순은 3·1 운동 때 고향에 내려와 이웃 충북, 경기지방과 연계, 여학생 몸으로 이를 주도하다 투옥되어 옥사를 당했다.

좀 다른 이야기를 곁들이자. 80년대 취재차 도쿄엘 가보니 2·8 유학생 거점이던 기독교 회관은 YMCA 호텔로 변해 있었다. 거기서 하루를 묵는데 초대 독립기념관장 安椿生씨가 체류하고 있었다. 안관장과 차를 마시는데 그의 등 뒤엔 병풍이 쳐져 있었다. 그 병풍은 다름 아닌 2·8 선언문으로 되어 있다. 선언문 끝자락엔 백관수, 김도연, 이광수, 주요한 등 2·8 학생대표들 이름이 적혀 있었다. 일제 강점기, 중국으로 건너가 독립군 간부로 활약했던 안춘생, 병풍과 투숙객이 잘 어울리는 그것은 한 폭의 그림이었다. 그는 하얼빈 역에서 '이등박문'을 쓰러뜨린 안중근 의사의 당질이기도 하다. 있어야 할 자리에 놓인 병풍, 그리고 항일투사가 묵는 방, 양자가 잘도 어울린다는 생각을 했다. 그는 도쿄에 오면 늘 이 호텔 이방에 묵는다고 했다.

앞으로의 과제

3·1 절 98돌에 생각한다. 극일(克日)을 하려면 국민화합은 물론 과거사 정리, '자위자강' 할 수 있는 힘을 기를 때 그것이 가능할 것이다. 일제 때 강제로 징발당한(징병, 징용, 위안부) 인원은

총 700만 명인데 피해신고는 겨우 20만 건선이라고 했다. 당자는 죽어 말이 없고 청년과 위안부의 대부분은 후손이 없어 이 선에 머물고 있는 듯하다. 이의 정리와 대일청구도 시급하며 특히 '친일파' 정리 또한 미흡하다.

친일파 5적(5賊) 중에는 3,000만평의 땅을 가진 이가 있어 오늘에도 재산권 소송이 걸려 있는 것으로 알고 있다. 또 대전 현충원(국군묘지)에 묻힌 김창용(金昌龍), 유학성 등의 묘를 옮기라는 시민연대의 외침도 귓전을 때린다. 친일파 정리는 시급하다. 그것을 확실하게 정리해야 민족의 정체성은 제 모습을 찾을 것이다. 위원회가 있고 분류작업이 거의 끝난 것으로 알고 있으나 여기서 마지못해 끌려 다닌(被動) 층을 들먹이는 건 현명한 일이 아니다. 면서기, 학교선생, 말단 순검(巡檢) 등은 눈감아 줘야 한다. 그것이 지나치다면 독립투사 이외에 얼굴 들 사람이 있겠느냐는 게 여론이다.

중국의 '동북공정'에 대한 반박논리와 고구려 역사의 진실도 개발정리해서 정면 돌파를 해야 할 시점이다. 또 한편 극일(克日)을 하려면 모든 분야에서 심도 있게 대처를 해야 하며 소심한 게 일인들이라 해서 '우격다짐'식의 논리나 대응으론 어렵다. 개미처럼 부지런하게 밑바닥부터 다져 오늘의 대국을 이룬 일본이다. 축소지향의 천재(縮小志向의 天才)라 남들이 말하는 뜻을 한 번쯤 음미해볼 필요가 있다.

대중문화에서 한류를 형성했다 해서 일본열도를 점령한 것은 아니다. 언제 그들의 '엥카'와 '가부키'가 이곳에 상륙할지 그 누구도 예단할 수 없다. 또 은혜를 입을 땐 고분고분하다가도 힘이 생기면 은혜를 침략으로 되갚아 온 섬나라 민족이라는 걸 잊어선 안 된다.

제2의 6 · 25는 결단코 없어야 한다

—나는 백마고지 전투를 겪은 병사다

6월을 보내고 이어 '노아의 대홍수'를 방불케 하는 장마철을 맞았다. 6월은 '현충일'과 6 · 25가 들어 있는 달이지만 누군가의 말처럼 역사에는 건망증이 뒤따르나 싶어 마음 한구석이 씁쓸해진다.

현충일만은 음주와 가무를 금하고 반기(半旗)를 달기로 했지만 일부 가정에선 국기마저 내걸지 않아 매스컴이 이를 꼬집기도 했다. 하지만 어느 여성단체는 '현충원'을 찾아 영령들의 비(碑)를 닦는 모습을 보고 '아, 그래도 막가는 세상은 아니구나!' 감탄을 해본다.

6 · 25…. 그토록 엄청난 전쟁을 치르고도 승자도 패자도 없는 상처만을 떠안은 채 우리는 반세기를 보낸 우리들이다. 그리고 6 · 25를 잊지 말자면서도 혀를 깨물며 잊어야 한다는 또 다른 명제 앞에 서 있는 것이다. 그럼 이 전쟁은 누가 일으켰는가?

① 김일성을 내세워 스탈린이 조정했다는 설 ② 스탈린과 모택

동 그리고 김일성의 공동작품설과 ③ 김일성이 모스크바, 북경을 내왕, 후원을 요청(묵인 하에) 강공했다는 설이 있다. 스탈린은 한반도 적화를 줄곧 노려왔지만 자칫 세계대전으로 비화할 것을 우려, 처음엔 망설였다는 설이 있다.

그럼 모택동은 어떤 입장을 취했는가. 3국(러 · 중 · 북한)동맹틀에 묶여 외면할 입장은 아니고 그렇다 해서 선봉에 설 형편도 아니었다. 장개석을 몰아내고 혁명을 완수한 지 겨우 1년, 그러다 보니 여력이 없었던 것이다. 김일성의 남침을 모택동은 묵인했으나 유엔군의 반격과 '맥아더'의 만주폭격설에 자위책으로 100만 대군을 투입했다는 분석이다.

우리 국군은 그때 보병 8개 사단과 화기라는 게 80㎜ 박격포와 기관총 뿐, 연습기 10여대, 탱크는 한 대를 갖고 있질 못했다. 거기에 사회는 좌우익으로 반목, 남침을 하면 민중봉기로 해서 쉽게 적화할 수 있으리라 오판을 한 것이다.

사흘 만에 서울에 '인공기'

61년 전 그날 새벽, 38선 전역에선 소련제 탱크와 중화기로 무장한 인민군이 동시에 포문을 열며 남침을 강행했다. 공교롭게 그날은 일요일로 우리 장병들은 대부분 외출, 부대 안은 텅텅 비어 있었다. 마치 일본이 태평양전쟁을 일으킬 때 일요일 새벽, '진주만'을 급습한 것과 같은 수법이었다.

마(魔)의 일요일 새벽 적은 파죽지세로 밀고 내려와 사흘 만에 서울을 점령, 중앙청엔 인공기가 나부꼈다. 적군은 그 여세를 몰아 불과 두 달 만에 대구, 부산을 제외한 전국토를 유린했다. 큰 전투로는 '낙동강공방', '포항전투', '인천상륙작전'과 '대전방어전', '저격능선혈전', 국지전으로 가정 컸던 '백마고지(白馬高地)'전투를 꼽을 수 있다.

전쟁이 할퀴고 지나간 자리 그 피해규모를 대략(大略) 간추려보면 ▲ 한국군과 유엔군 전사자는 18만명 ▲ 부상자 40만명 ▲ 남북한 민간 피해자 약 100만명 ▲ 인민군 전사자는 52만명 ▲ 중공군 90만명(사상) ▲ 북한을 탈출한 피란민은 300만명(북한인구 1200만명)으로 1000만 이산가족을 냈다.

반면 의용군을 비롯한 자진 월북자는 29만명, 남쪽의 재산피해는 물경 4100억 환을 추산한다(당시 기준). 휴전을 맞은 것은 1953년 7월 27일로 경계선을 놓고 북측에선 38선을 주장했고 유엔 측은 현 위치를 고집, 오늘의 휴전선이 등장한 것이다.

이처럼 엄청난 전쟁이야기를 하자면 한이 없어 '대전전투' 정도를 짚고 넘어가려 한다.

대전전투와 '딘'소장

적군이 한강을 건너 수원을 점령하자 아군은 방어선을 오산에 구축, 미 24사단이 선봉에 섰으나 여기서 또 밀려 천안을 내주고 금강에 방어선을 쳤다. 천안을 점령한 적은 세 갈래의 전략 ① 대전공략부대, ② 중앙선 점령부대, ③ 서남부를 우회, 부산 공격부대를 편성했다.

공주, 논산을 점령한 것은 적 4사단이었다. 이렇듯 금강을 도하(대평리)한 주력부대는 3, 4(2개)사단이었고 이에 대항한 것은 미 24사단이었다. 그러나 7월 14일, 공주전선이 무너지자 34연대와 대평리에 주둔한 19연대를 영동으로 후송, 재편하고 21연대를 옥천에 배치, 적의 동북방 침공을 막으려 미 24사단 포병 4개 대대도 재편, 대전비행장(지금의 둔산동)에 배치시켰다.

하지만 금강을 건너온 적은 갑천(甲川) 옆 구봉산에 침투, 대전시내를 내려다보며 포격을 가해왔다. 여기서 미 24사단은 적 3, 4사단과 정면으로 격돌, 막대한 손실을 입었다. '스미스'대대는 전멸한 뒤였고 대전은 완전히 포위당한 채 시가전을 벌였다.

이때 '딘' 사단장은 사병 틈에 끼어 신형 '로켓포'를 손수 발사, 적의 탱크를 파괴한 일까지 있었다. 사단장이 선봉에 서서 포를 쏘는 일은 흔치 않은 일이다. 어떤 일이 있어도 7월 20일까지 '대전을 사수하라!'는 8군사령관 '워커' 중장의 엄명을 '딘'소장은 끝까지 지켜냈다.

아니 하루를 더 버텨낸 것이다. 그 바람에 미군은 큰 손실을 입었으며 하루만 앞당겨 후퇴했더라도 피해를 줄였을 것이라 말하지만 이는 실정을 모르고 하는 소리다. 이 전투에서 미 24사단은 전 병력 절반인 8,000명을 잃었고 '딘'소장 자신은 치욕스런 포로 신세가 되고 말았다.

포로교환 제1호

6 · 25전쟁 중 한국군 장성이 포로가 된 예는 없다. 휴전을 코앞에 두고 마지막 공방을 벌일 때 수도 사단 포병사령관(대령)이 포로가 된 일은 있다. 그때 매스컴에선 '장렬한 전사'라 떠들었지만 그 역시 포로교환 때 풀려났다. 그런 의미에선 '딘'소장은 불행한 장군이지만 우리에겐 더 없이 고마운 친구로 한국민의 뇌리엔 각인되어 있다.

그는 어떻게 해서 포로가 되었는가. '딘'소장은 상부명령대로 대전전투에서 지연작전을 폈고 휘하부대를 후퇴시키고 나서 자신도 후퇴 길에 나섰다. 하지만 운명의 장난인가. 경부선을 따라 내려간다는 게 엉뚱하게 호남선 가도를 달리고 있었다.

부관과 운전병이 얼떨결에 착각을 일으킨 것으로 짐작된다. 금산 쪽으로 달리던 '딘'소장은 그곳에도 인민군이 들어와 있다는 정보에 부관 등 17명의 낙오병을 독려하며 산속으로 잠입했다. 일각에선 '딘'소장이 잡힌 곳이 만인산 금산 입구라 하고 또 누군가는 금산군 불이면(不二面)이라고 한다.

하지만 그는 금산과 전북 경계 산악지대를 36일간이나 헤맨 끝에 전북 진안군 민가에 잠입했다가 주민의 신고로 포로가 된 것이다. 어느 중학교 영어교사가 그를 유인했다는 설과 함께. '딘'소장은 혼자였다. 어떻게 장군이 단신이었을까?

도중 차를 버리고 산속으로 잠행했으나 밤중에 부상병이 물을 달라고 보채는 바람에 손수 수통을 들고 물을 뜨러 갔다가 어둠 속에 발을 헛디뎌 낭떠러지에 곤두박질 실신하고 말았다. 다음날 부관이 산속을 찾아 헤맸으나 뜻을 못 이룬 채 산을 타고 남하 본대로 귀환했다는 것이다.

그 후 '딘'소장은 3년간을 포로수용소에 억류되었다가 포로교환 때 풀려났다. 그때 미 국민들이 그를 영웅대접을 하자 세계 여론은 이해할 수 없다는 듯 의아해했다. 포로를 영웅대접하다니…. 하지만 이는 내용을 잘못 알고 하는 말이다.

훈장수여는 실종 직후 생사를 모르는 상태에서 이뤄진 일이었다. 적은 그가 포로라는 걸 1년 이상을 숨기고 있었다. 그러나 대전전투 때 그의 용맹성을 언론에서 대서특필하자 트루먼 대통령이 가족에게 훈장을 수여한 것이다.

'딘'소장에게 훈장까지

'딘'소장은 귀환 후 일 계급 특진이라는 영예까지 누렸다. 그 이전에는 전사(戰死)로 추정했던 것으로 보이며 그를 전쟁영웅으로 만든 이면에는 그럴만한 이유가 도사리고 있었다. 무너진 24사단의 명예회복은 물론 군의 사기와 대국민정서를 의식, 전략차원에서 취해진 조치였다.

트루먼 대통령은 1951년 1월 '딘' 소장 가족을 백악관으로 초청, 훈장을 준 바 있기 때문에 다시 회수할 수도 없는 노릇이었다. 포로출신인 '딘'소장을 영웅 대접한 데엔 다음과 같은 이유 때문이다.

① '대전 사수' 명령을 오차 없이 수행했고 ② 사단장이 사병들 틈에 끼어 싸웠다는 사실. ③ 포로의 몸으로 군 기밀을 적에게 누설하지 않았으며 ④ 장군의 품위를 잃지 않았다는 점을 인정한 때문이다. 하지만 '딘' 소장은 파티에 초청을 받거나 남들 앞에선 늘 몸을 낮췄다는 것이다.

"저는 영웅이 아닙니다. 한국전 영웅은 나를 제외한 모든 군인들입니다. 저는 그때 적의 포로가 되었던 부끄러운 지휘관입니다."라고. 이렇듯 자신을 낮출 줄 아는 겸손한 군인이라 해서 좋아하는 이가 많다는 게 세론이다. 지난 60년대 대전시에서는 '시민의 날'에 그에게 '명예시민증'을 보낸 것도 그와 같은 이유에서였다.

어떻든 딘 소장은 우리들 대전 시민에게는 영원한 친구로 기억될 인물이다. 한국전 때 수난당한 미군 장성은 '딘' 소장 이외에도 거제도 포로수용소장 '돗드' 준장이 있다. 당시 거제도에는 80,000여명의 포로를 수용 중이었는데 포로들은 인공기를 게양하는가 하면 천막 안에서 반공성향의 동료 포로를 살해하는 등 온갖 만행을 저질렀다.

그런데도 '돗드' 준장은 제네바협정을 준수, 의식주 모두에 있어 우리 국군 이상으로 그들을 아울렀다는 이야기다. 하지만 포로들은 거제도에 거점을 확보할 목적으로 온갖 만행을 자행했고 심지어 북쪽에 있는 대남공작책 이학구(대좌)를 위장 귀순시켜 수용소에 끌어들였다.

이때 포로들이 '돗드' 준장 면담을 요청해오자 그는 편하게 접촉할 생각으로 다가갔다가 감금되어 며칠 후에 풀려났으나 군복을 벗어야 했다. 일선에서 이와 같은 외부뉴스를 접하기란 쉽지 않은 일인데 그 사건을 알게 된 것은 부대를 자주 드나드는 문관(文官)이 일본 잡지를 놓고 가는 바람에 그 사실을 알게 되었다.

거기엔 〈'돗드' 준장 포로의 포로가 되다(トット准將 捕虜の捕虜となる)〉라는 머리표제에 필자는 화들짝 놀랐다. 세계최강이라는 미군장성이 한국에 와서 망신 꽤나 당하는구나 하는 생각에 입맛이 개운치 않았다. 한국전에서 미군 측 피해는 이루 말할 수 없이 컸기 때문에 우리는 미국을 혈맹으로, 영원한 친구로 여기며 오늘을 살아간다.

백마산(白馬山) 전투

6 · 25전쟁에서 격전지를 꼽으려면 '낙동강전투'와 '인천상륙작전' 국지전(局地戰)으로는 산 하나를 놓고 군단(軍團)병력이 맞붙

어 공방을 벌였던 '백마고지' 전투를 빼놓을 수 없다. 이 산의 높이는 359m로 대전의 '식장산'보다 되레 낮을지도 모른다.

하지만 아군이 이 고지를 뺏길 경우 철원평야를 내줘야하고 아군의 중부전선 보급로가 끊기며 수도 서울이 위협받는 그만큼 중요한 요새였다. 1952년 10월 6~15일까지 9일간의 전투에서 고지의 주인이 열두 번이나 바뀌었다면 그 실상은 짐작할 만하다.

이 전투에는 중공군 3개 사단(38군단)과 우리 9사단이 맞붙어 공방전을 벌여 아군 희생 3,500명, 적은 10,000여명의 손실을 입고 퇴각했다. 당시 9사단장 김종오 장군은 그가 6사단장 시절 1차 북진 때 압록강(초산, 혜산진)까지 진격, 그 강물을 수통에 담아 이승만 대통령에게 바친 것으로 널리 알려진 인물이다.

하지만 기쁨도 잠시 중공군 투입으로 피해를 입고 후퇴한 아픈 기억을 갖고 있었다. 그 중공군(38군)을 백마고지에서 제압, 김종오 장군은 한을 풀었다. 9사단은 6 · 25가 터지자 급조한 신생사단으로 필자는 이 부대에 배속 '백마고지' 전투를 겪었는데 지금은 사단마크가 '백마'지만 그때는 아라비아숫자 '⑨'를 달고 다녔다.

이 고지에 중공군은 55,000발, 아군은 185,000발을 퍼부어 탄피가 산더미처럼 쌓이고 고지가 2m 정도 낮아졌다는 소문이 나돌 정도였다. 전투가 끝난 뒤 항공촬영을 해보니 이 고지가 허옇게 벗겨져 마치 백마가 누워있는 형국이라 해서 '백마고지'라 명명하고 여기서 승리한 9사단을 '백마부대'라 부르기 시작한 것이다.

전투 때 미군은 철원평야 일대에 연막탄을 터뜨려 몇m 앞이 보이질 않았다. '쾅! 쾅! 쿵크르릉!' 하는 적의 포탄소리에 아군이 쏟아 붓는 각종 포화, 섬광, 굉음 때문에 지척을 분간할 수가 없었다. 화산이 폭발할 때 분출하는 모양새가 이렇듯 요란할까? 이때 의정부~철원평야까지 차량들은 연막 속을 라이트를 켜고 달렸다.

전투가 벌어진 지 사흘째 되던 날, 지하벙커에 낯선 장교가 권총을 빼들고 들이닥치며 '부대가 무너지는 판에 당번병이 다 뭐냐?'며 밖으로 내몰아 나가 보니 트럭이 대기 중인데 눈에 핏발이 선 장교와 하사관이 이쪽에 계급, 성명, 소속을 기록하고는 30분 후 다시 모이라는 것이었다.

이장(里長) 출신 일등병의 눈물

4~5대의 트럭에 타고 있는 사병들은 고지로 투입될 충원병들이었다. 이때 30대로 보이는 일등병이 땅바닥에 주저앉아 눈물, 콧물을 짜며 울고 있어 다가가 발길로 툭 건드렸다. "이눔아! 울긴 왜 울어? 병든 개처럼…." 필자는 이렇게 윽박질렀다.

그는 소매로 콧물을 훔치고 나서 이쪽을 향해 "중사님은 고향에 가족 두 없능기요?" 이렇게 나오는 바람에 "임마! 가족 없는 놈

두 봤냐?"고 맞받았다. 그는 경북 출신으로 동네 구장(里長) 일을 보다 징발 당했는데 입대 직전 상처를 당해 집에는 열두 살과 아홉 살 된 자매, 일곱 살 머슴애가 아비가 오길 기다리고 있다며 그것들 생각에 뜬 눈으로 밤을 새운다고 했다.

"중사님 예~ 지금 고지에 들어 가믄요, 살아 몬나옵니더."하더니 또, 콧물을 훔친다. "죽어도 할 수 없지, 군인이란 그런 거여 이 새끼야~" 이렇게 내뱉었지만 이쪽이 군인정신이 투철해서가 아니라 어차피 너와 나는 죽을 몸이라는 생각에서였다. 그것은 아마도 자학 증세였을 것이다.

그 병사는 고지에서 살아 나왔는지, 살아 있다면 지금 쯤 90고개를 바라볼 나이다. 필자는 가끔 술에 취하면 이렇듯 객기를 부리는 때가 있다. 적병이 눈앞에 기어오를 때 당신 같으면 무슨 생각을 했겠느냐고 거꾸로 물어본다.

"고향생각, 천만에…. 애인생각 그 따위는 사치에 불과하지. 아무생각이 떠오르지 않아! 사람에 따라 다르겠지만…." 적극성이 모자라서일까? 필자는 그때 시키는 대로 움직였을 뿐 머릿속은 전구(電球) 속처럼 진공상태였다. '창백한 병사'였다고나 할까. 총을 쏘라면 쏘고 수류탄을 던지라면 던졌다.

하도 전쟁이 지겨워 수류탄 뇌관을 당겨볼까 하는 생각을 해본 일도 있다. 언제 끝날지도 모르는 전쟁…. 어차피 죽을 몸인데 고생하다 죽느니 일찍 죽는 게 낫지 않을까하는 생각 같은 것 말이다. 그러나 극한 상황에서도 예외라는 게 있는 모양이어서 조그마한 행운이 뒤따랐다.

전방수색에 나갔다가 숲속을 기어가는 중공군 병사를 발견, 덮쳐 생포를 한 것이다. 그는 방망이 수류탄을 갖고 있었다. 이를 본 전우는 재빨리 몸을 낮추며 바위 뒤로 숨어버렸다. 키가 6척은 되어 보이는 적병은 얼마나 굶주렸는지 대꼬챙이처럼 말라 있었다.

그때 필자에겐 그런 힘이 어디에서 솟아났을까. 적병을 덮치고는 주먹으로 눈두덩을 찍고 콧등을 내리치자 그에게선 코피가 튀었고 체념한 듯 저항을 하지 않는다. 꿇어앉혀 놓고 가슴에 매달린 기장을 쥐어뜯었다. 붉은색 바탕에 항미원조(抗美援助)라는 검은 글씨가 새겨진 기장(記章)이다.

풀이하면 미국에 대항하고 조선(북한)을 지원한다는 요지다. 적병을 MIP(중공군 포로심문반)에 후송하려는데 그는 잔뜩 겁먹은 표정으로 "마야! 마야!"를 연발했다. 그것은 '엄니! 어머니!' 소리라던가…. 그 바람에 훈장을 받았지만 그때는 전시라서 약장(略章)만을 달고 다녔다.

이를 놓고 '쬐깐한 행운'이라 한다던가. 세월이 흘러 현충일이 오면 시장이 상품권을 보내오고 '국가유공자의 집'이라는 패를 달아주며 보훈처에선 다달이 얼마간의 용돈(?)을 통장에 넣어준다. 하지만 늘 미안한 생각을 하며 살아간다. 전몰장병과 부상당한

군경들의 뒷바라지도 여의치 않을 텐데 살아남은 자의 몫도 있는 가해서….

전쟁이란 이런 것이다

전시에는 일반 국민들도 사유사색의 자유마저 유보당하고 '전시동원령'이라는 틀 속에 갇히기 마련이다. 군인의 입장은 더욱 그렇다. 군율 앞에서는 합리성이나 균형감각, 상식논리 따위는 아예 통하지 않는다. 낭만과 감상(感想) 같은 건 더더욱 발붙일 틈새가 없고 그저 복종과 승리(戰果)만이 통하는 공간일 뿐이다.

때문에 우회나 완충, 변명 따위 용어는 군대 사전엔 나와 있지 않다. 자나 깨나 외치는 건 무력(북진)통일이요, 멸공, 승리라는 구호와 적을 죽이지 않으면 내가 죽는다는 식의 이분(兩分) 논리만이 서슬을 세운다. 그것은 애국논리요, 군대의 행동철학이다.

그리고 지휘관들의 정신훈화와 '전쟁관(戰爭觀)'이란 이런 것이다. "적을 무찌르지 않으면 우리들의 누이동생과 저 아리따운 여학생들이 저 '뙹떼놈'들에게 몽땅 짓밟힌다. 그러니 싸워 이겨야 한다."라고. 하사관으로 종군한 필자로서 통 큰 이야기보다 체험한 토막이야기를 늘어놓는 게 어울릴 것 같다.

우리 사병들은 총을 쏘라면 쏘고 예광탄이 치솟으면 적이 접근했다는 신호로 알고 수류탄을 던졌다. 그렇게 산악지대(철원, 평강, 김화)를 전진, 후퇴하는 대열에 끼어 돌아쳤다. 물정 모르는

'창백(蒼白)'한 병사요, 피동(被動)인 동시에 인종(忍從)의 대열이었다.

아직도 전쟁이란 무엇인가? 왜 싸워야 했는가? 생각해보지만 논리 면에서 명확한 해답을 얻지 못했다면 그 나약성에 비난의 화살이 날아올지 모른다. 전문가의 전쟁논리는 생경한데다 난해하다는 생각에 전쟁소설에서 그 해답을 얻으려 노력을 해본 셈이다.

예를 들면 헤밍웨이의 '무기여 잘 있거라', 게오르규의 '25時', 국내 작가 것으로는 이무영의 '帆船의 길', 이범선의 '誤發彈', 최인훈의 '廣場', 이청준의 'D데이의 兵村', 김은국의 '殉敎者' 같은 소설에서 대리만족을 꾀하려 했다.

모두 읽을 만한 작품들이지만 미국 작가 '스테판 크레인(Stephen Crane)'의 '붉은 무공훈장(The Red Badge of Courge)'이라는 소설을 접하고 감동한 일이 있다. 그 내용은 이러했다. '헨리'라는 지원병(병사)이 전투에 참가, 전진후퇴를 거듭하다 보니 이거야말로 전쟁놀이가 아니라 피를 보는 싸움이다.

때로는 따분하고 피곤해서 짜증을 부리다 보니 적이 미워진다. 그래서 열심히 싸우면서 이런 생각을 해본다. '용맹이란 제 생명을 지키기 위한 필사적 저항이고 훈장이란 무아(無我) 중에 붉은 피를 흘리며 싸운 노력의 대가로 주어지는 패'라고.

반세기가 지나도 상처는….

우리는 줄곧 일본과 '종군위안부' 문제를 놓고 줄다리기를 해왔지만 6 · 25전쟁 때도 그와 유사한 행위가 있었음을 숨길 길이 없다. 아픈 기억이지만…. 종로와 신당동, 용산 등지에 '국군위안소'라는 플래카드를 본 사람은 한 둘이 아닐 것이다.

전시에도 일선에서는 '연예대'와 '위안대' 같은 걸 가끔 끌어들였다. '위안대'란 무엇인가. 병사들이 한 순간을 위해 티켓을 손에 쥐고 줄서서 차례를 기다리는 밀림 속 '비스트(Beast)'의 본능 같은 것을 뜻한다. 어느 위안부는 하루 일한 티켓 80여 매를 내놓고 현찰과 맞바꾸는 걸 본 일이 있는데 이 또한 전쟁의 한 단면이라 할 수 있다.

그 여인은 하루에 젊은 군인 80여명을 접한 탓에 온몸이 서리맞은 풀잎처럼 늘어져 부축을 받고서야 트럭에 오르는 걸 지켜봤다. 또 다른 예를 들어보자. 한 번은 적의 기습을 받고 정신없이 트럭에 올라 야전 백(쌀 푸대자루 만한)을 깔고 앉자 금시 바짓가랭이가 축축해졌다.

"이건 뭐지?" 짜증을 내자 운전병 왈 "그것이 무엇인고 하면 둔(돈)이라는 물건이랑께!" 이렇게 이기죽댄다. 돈이라니…. 생명같이 소중한 돈도 이렇듯 극한 상황에선 쓸모없는 존재라는 걸 그때 비로소 깨달은 셈이었다. 적과 마주보는 최전방에선 주먹밥 보급도 못 받는 일이 허다하다.

그러니 휴지에 불과한 봉급을 타갈 필요도 그런 여유 또한 없다. 돈의 가치가 이렇기 때문에 그것을 야전 백에 넣어 끌고 다니는 듯했다. 돈이라는 관념 때문에 차마 버리질 못하고 끌고 다니다 눈비를 맞아 찌걱거리는 별난 신세가 된 돈자루….

또 다른 이야기. 전방부대의 '영현등록반' 병사는 밥만 먹으면 전사자의 시체를 화장, 뼛가루와 군번, 손톱, 머리칼 몇 가닥을 함께 싸서 도시락만한 나무상자에 담아 후송한다. 하룻밤 격렬한 전투를 치르고 나면 이튿날 예외 없이 시체를 실은 트럭이 '영현반'에 들이닥친다.

또, 전투 중에는 목욕이나 세탁을 할 짬이 없기 때문에 동내의 속에선 이(蝨)라는 놈이 들끓어 휴식시간에는 그것을 처치하기에 바쁘다. 그 상황이 어느 정도인가하면 풀밭이나 길바닥에 바지가랑이를 털면 이가 우수수 쏟아져 나온다.

그곳을 걷다보면 군화에 이가 굼실굼실 기어오르는데 D.D.T 배급은 전투가 없을 때에 한해서 이뤄진다. 또 있다. 한 번은 어느 사병과 깡술을 퍼마시다 거나해지자 그는 독백처럼 이런 말을 했다. 휴가 때 안 사람과 잠자리를 같이 하는데 불연듯이 누가 여자를 밟고 넘어갔을까 하는 생각에 기분을 잡쳤다며 고개를 떨어뜨렸다.

38선 접경이 고향인데 전쟁 때 그 마을엔 중공군과 인민군, 유엔군이 번갈아 주둔, 마을 여인들은 그들에게 밥도 짓고 빨래를 해대며 접촉이 잦았다는 것이다. 그러나 여인들은 하나 같이 입을 봉하고 있다면서…. 따지고 보면 이 또한 전쟁의 여파라 하겠다.

다음은 어느 순진한 병사이야기다. '국군아저씨', '오빠'하는 식의 여학생 위문편지를 받는 건 전방에선 흔히 있는 일이다. 서울 어느 여고생의 '오빠'가 보고 싶다는 편지에 그 병사가 교장실을 노크, 여학생 면회를 청하자 난감해하는 학교장을 붙들고 몸부림쳤다는 풍문도 있었다.

필자가 휴전을 맞은 것은 무더위가 한창이던 7월 하순, 김화(金化)읍 오성산 밑에서였다. 그때 필자가 치고나온 철조망이 오늘날 고압전류가 흐르는 휴전장벽이다. 임자 없는 청포도가 알알이 익어가는 철, 육사(陸史)의 '청포도' 시를 흥얼대며 제대 꿈에 들떴던 기억이 필름처럼 스쳐간다. 6·25 발발 67년….

전쟁이 할퀴고 지나간 상흔(傷痕)은 아직도 아물지 않고 여러 측면에서 독버섯처럼 고개를 드러낸다. 휴가차 집엘 갔다가 전사한 친구 모친이 찾아와 통곡하는 바람에 이후로는 그 노친을 피해 다녔다.

필자는 겨울이 되면 지금도 모자를 푹 눌러 써야 하고 양말을 두 켤레씩 포개 신어야 한다. 강추위 때면 귀볼(耳)과 발가락에 물집이 생기기 때문이다. 전방에서 동상을 입은 후유증 때문에 그렇다. 또 꿈속에서 AK소총을 멘 인민군과 적 탱크를 피해 다니다 소리치고 깨어보면 온몸은 식은땀으로 범벅이 되어 버린다.

이것도 전쟁이 할퀴고 지나간 후유증이다. 어떻든 이 땅에 다시는 전쟁이 있어선 안 된다.

가야는 일 황실의 모태

왜인들은 옛날부터 「가야(가락)」를 높이 받들어 왔다. 그 이유는 무엇인가. 그들의 말처럼 백제가 왜국의 유모였다고 하면서도 가야를 추켜올리는 이유가 무엇인지 묻지 않을 수가 없다.

일인들의 역사왜곡 음모는 옛날부터 있어 왔지만 백제사엔 픽션(허구)이 없기 때문에 접목(接木)할 틈새가 없다보니 가야를 들먹이는지도 모른다. 결론부터 말해서 일본역사 2700년 가운데 700년은 허구요, 과장이라는 걸 우리는 줄곧 주장한 바 있다.

여기서 700년은 「카미요(神代)」 구간이지만 우리 백제사와는 120년의 격차가 난다고 우리 학계에선 말하고 있다. 역사 오랜 나라치고 신화 없는 나라가 없다.

고구려와 신라도 신화는 존재하지만 백제만은 허구가 없는 정연한 맥과 실존의 역사라는 점은 자랑할 만하다. 왜국은 한반도(백제, 신라, 고구려) 삼국과 깊은 연관을 맺고 있지만 한 골격은 가야 것을 닮았다는데 우리는 주목한다.

대다수사람은 일본 건국신화가 태양신과 그 오라비 「니니기노미코토(尊)」 그리고 「다케루노(尊)」 등이 하늘을 열고 강림한 것으로 되어있지만 깊이 파고들면 포복 졸도할 괴담(怪談)이 아닐 수 없다.

일본의 건국신화

일본의 건국신화를 대충 살펴보자. 태초에 일본열도가 생기기 전에는 기름기가 출렁이는 광란의 바다였는데 이 바다를 내려다보던 세 신령이 세상을 창조하기로 뜻을 모았다. 이들 신령은 「이자나기(イサナキ)」와 「이자나미(イザナミ)」를 비롯 많은 남녀 신들을 생산했다.

여기서 신령들은 「아지나기」에게 세상을 창조할 것을 당부하면서 보석으로 만든 마법의 창을 주자 「아자나기」는 이 창을 바닷물 속에 넣고 휘휘 내젓고 창을 꺼내니 창끝에 바닷물이 몇 방울 엉켜 있었다.

이때 그 물방울들을 흔들자 바다에 떨어지며 그것이 섬이 되었고 이 두 신은 차례로 혼슈, 시코쿠, 큐슈를 낳았다는 웃지 못할 설화로 분장해놓았다.

그 후 화신(火神)을 낳는 과정에서 「이자나미」가 죽자 「이자나기」는 슬픔을 견디지 못해 바닷가를 거닐고 있었다. 그때 오른 쪽 눈으로는 「즈카유미」, 왼쪽 눈에서는 태양신(天照)을, 코에서는

「스사노오노」신이 태어났다는 것이다. 이들 삼신은 일본개국에서 기막힌 신화를 만들어냈다.

규슈(미야자키), 다카마노하라(高天の原)에서 「니니기노」신은 방탕한 생활을 일삼자 태양신(누나)이 토라져 바위틈으로 숨어버리자 세상이 암흑천지로 변했다.

이때 다른 신들이 「니니기노」신을 추방해버렸는데 이 틈을 타 신이 유방을 드러내고 덩실덩실 춤을 추자 여타 신들이 손뼉을 치며 깔깔댔다. 이때 바위틈에 숨었던 태양신이 무슨 일인가하고 밖으로 나오자 세상은 광명을 되찾았다는 「바위틈(天の岩門)」신화란 이를 두고 하는 말이다.

이후 「스사노오노」신은 이즈모노쿠니(出雲國)에 내려가 주민을 해치는 오로치(大蛇)를 죽이고 그 곳에 나라를 세웠다. 이때 태양신이 오라비 「스사노오노 미코도」를 돕기 위해 후손들이 먹고 살아갈 씨앗과 농경법을 전해주었다고 한다.

가야 신화 모방한 왜국

우리의 고대사는 고구려, 백제, 신라 등 삼국이 축(軸)을 이루며 이들 삼국이 대표성을 지녔다고 보아 나무랄 게 없다. 그렇다면 가야(가락)국의 위상은 어떤 것인가를 생각해본다.

가야국 역시 한민족에 의해 세워졌고 찬란한 문화를 꽃피운 것이 사실이다. 시조 김수로왕으로부터 16대(520년)를 이끌다 신라

진흥왕에 의해 파국을 당한 가야국이었다. 그렇다면 678년에 망한 백제와 거의 동시대일로 일백수십 년 차이에 불과한 나라였다.

그러나 아마추어인 필자로선 백제, 신라, 고구려에 심취한 나머지 가야를 지류(支流) 쯤으로 여겨왔다는 점 부끄럽게 생각한다. 하지만 일인들이 백제, 신라, 고구려 못지 않게 가야와 접근해온 이유는 무엇인가?

그 까닭은 다음 장에서 거론하기로 한다. 삼국사기와 삼국유사에는 이런 구절이 적혀 있다. 1대 김수로왕은 첫해(서기 42년) 6형제와 함께 6가야국 왕으로 추대되었다.

가야는 가락, 또는 신가라, 안라가라, 고령가라, 구지가라, 별뫼가라 등 여섯 가락국이 형제간 연맹국이었으나 세월이 흘러 촌수가 멀어지자 각각 독립형태로 분열하면서 끝내는 각계약진을 하기에 이르렀다.

그때 「대가야」의 수도는 고령이고 고령가야의 수도는 함영이며 금관가야의 도읍은 김해, 비하가야 수도는 창녕 그리고 아라가야의 수도는 함안, 성산가야는 성주, 소가야는 고성이 도읍이었다.

때론 가야를 「가라」의 음을 붙여 고령가라, 임나(任那)가라라 부르기도 했는데 「가라」의 뜻은 마을을 의미하는 것이다. 이 무렵 이웃나라에서도 가야를 「임나」라 부르는 경향이 있었으나 일본이 내세우는 「임나(미나마)」와는 아무런 연관이 없는 나라 이름이었다. 「임나」의 뜻은 「님의 나라」를 의미하는 것이라고 주장하는 석학이 있다.

가야의 천강 난생신화

가야국의 「천강난생설」을 살펴보면 이런 내용으로 포장되어 있다. 한반도 남쪽 낙동강변 신답평야 구간 추장들이 이 지역을 다스리기 시작한 것은 기원 42년이라 했다. 그 해 3월 초 「구지봉(龜旨峰)」 그곳에서 이상한 소리가 들려왔다.

「하늘이 나에게 명하길 이곳에 나라를 세워 임금이 되라하셨느니라. 그러니 너희들은 당장 구지봉에 올라 흙을 파고 춤추며 노래하라! 그러면 천신이 내려오고 너희들은 대왕을 맞게 될 것이다!」

이때 주민들은 왕을 맞이하기 위해 춤을 추자 이상한 현상이 벌어졌다. 하늘에서 한줄기 빛을 발하더니 홍포(紅布)에 쌓인 물체가 나타났다. 그 보자기를 풀어 보니 6개의 황금알이 모습을 드러내더니 다음날 이 6개의 알에서 늠름한 여섯 동자가 태어났다.

이들은 시간이 갈수록 쑥쑥 자라 왕위에 올랐는데 이때 김수로왕은 김해평야에 「대가락국」을 세웠고 나머지 5명은 낙동강 변에 「다섯 가야국」을 열었다.

여기서 주목할 것은 가야 국왕이 하늘에서 내려온 난생(卵生)

신화로 포장되어 있다는 사실이다. 난생 신화는 가야국뿐 아니라 신라도 마찬가지로 「박혁거세」 역시 알에서 태어난 것으로 되어 있다.

어떻든 우리는 가야문화를 백제, 신라, 고구려 못지않게 탐구, 인양(引揚)하는데 소홀함이 없어야한다. 가야국이 비록 국력이 삼국에 미치지 못했다 하더라도 이는 한민족의 작은 집이요, 역사의 축이라 보기 때문이다.

비록 세(勢)가 김해, 사천, 함양, 마산 등 한반도 남해안에 국한했다고는 하나 그 의지와 문화수준은 사뭇 찬란했다. 가야는 때로 고구려, 신라, 백제와 격돌하면서도 화평(和平)이라는 양면 전을 펼치며 문화대국으로서의 기개를 드러낸 나라였다.

그 당시 사용하던 화폐, 수혜기(도자기), 전투용 투구, 갑옷, 장신구와 철기 등은 일본에서도 출토되어 가야를 모태로 생각하는 이가 의외로 많다. 30년 전 우리가 백제, 신라, 고구려사에 매달려 있을 때 일본학자들은 가야문화에 파고드는 걸 지켜본 일이 있었다.

전문지에 비치는 세계의 석학 「에가미나미오(江上波夫)」, 규슈대 「니시타니(西谷正)」 교수 등이 그런 모습을 보여 주고 있었다.

일 황실은 가야혈통

백제가 왜국의 유모(乳母)였다면서 일각에선 일본건국 신화(설화)는 가야국 설화를 모방하고 있다는데 주목할 필요가 있다.

▲ 첫째, 가야와 왜국은 천손강림(天孫降臨)이라는 공통점을 안고 있는데다 하늘에서 홍포(紅布)와 이불에 쌓여 내려왔다는 점이 비슷하지만 가야의 성체(聖體)는 난생(卵生)이라는 점이 다르다.

▲ 둘째, 강림방법이 같은 뿐 아니라 산봉우리에서 내려와서 마을사람들과 대화하는 내용도 닮아 있다. 가락(가야)의 성체는 「이 곳에 사람이 없느냐?」고 묻고 있는데 일본기기는 「이 곳에 나라가 있느냐, 없느냐?」고 물었다는 것이다.

▲ 셋째, 가야에선 홍포(紅布)에 쌓여 강림하는데 일본은 이불을 쓰고 내려온다. 일본이 자랑하는 세계적 석학 「에가미(江上波夫)」 교수는 가야의 「홍포」와 왜국의 「니니기노미코도」의 침구는 같은 성격을 지녔다고 주장하고 있다.

▲ 넷째, 「니니기노미코도」가 다카지호(高千穗)의 쿠지후루다케(龜旨峯)에 강림했을 때 「여기는 가야국을 향하고 있어 매우 좋은 곳이다」라는 말을 남겼는데 이는 「니니기노」 신이 가야 출신이라는 걸 시사하는 대목이다.

또 「에가미」 교수는 「니니기노」 신의 증손 진무(神武) 초대천황 큐슈 휴가(日向)에서 동정(東征) 길에 올라 왜국의 중심부 「긴기」 지방에 나라를 세운다. 「에가미」 교수는 「기마민족도래설」을 역설, 일본 학계를 제압했을 뿐 아니라 「북구주」 고분에서 드러난 벽화가 한반도에서 기마민족이 규슈에 상륙한 증거라고 설파한 바 있다.

그렇다면 일본 건국의 모태는 가야국이고 백제, 신라, 고구려는 유모였다는 말일 수 있다. 작지만 강했던 그 가야국, 잃어버린 그 왕국의 굴레를 벗어나 1500년 만에 다시 부활하는 것이라 보아도 무방할 것이다.

「에가미」 교수의 가야는 왜국의 모태였다는 주장에도 불구하고 일인들은 아직도 「징구고고(神功皇后)」의 「신라정벌설」과 「임나일본부설」을 줄기차게 내세우고 있다.

가야가 왜국의 모태라고 하면서 임나일본부설을 끈질기게 주장하는 것은 무엇 때문인가? 그 바람에 현해탄의 파고(波高)는 드높고 한일(韓日)양국 간엔 불신과 갈등의 골이 깊기만 하다.

한국 정치지도자들의 초상(肖像) '비폭력 불복종'주의 간디를 생각한다

지난 봄 어렵사리 들어선 새 정부인데 출범초부터 정치판은 더 없이 시끄럽다. 새 정부가 지난 정권의 적폐를 들고 나오자 야당측에선 정치보복이라며 사사건건 토를 달고 맞서왔다.

여측이 야당을 향해 '꼴통보수'라 야유를 하면 상대측은 종복세력 운운하며 색깔론으로 응수한다. 그 바람에 여야총수는 물론 역대 대통령들의 초상은 하나 같이 상처로 얼룩져있다.

장기집권과 무능 그리고 측근의 비리 등으로 국민 앞에 고개를 떨군 대통령이 어디 한둘이었는가. 서구의 어느 석학은 '정치권력'이란 장악하는 순간부터 부패하기 마련이라 했고 '정치란 미리 계산된 사기술'이라는 말도 있어왔다.

또 누군가는 이런 말을 했다. 정치권력이란 화광과 같아 '불가원불가근'이라면서 너무 다가서면 화상을 입기 쉽고 또 멀리 있으면 동상을 입는다고 했다.

그러나 우리는 여기서 정치지도자에 자질과 국민들의 존경을 받는 이는 누구인가를 생각해하는 시점이다. 이에 필자는 인도의 '간디'와 '네루'를 떠올려본다.

소년시절 '간디' 전기를 읽고 감동한 바 있어 훗날 인도에 건너가 취재하는 기회를 가졌다. 1994년의 일이다. 「안영진 주필 인도를 가다」라는 기행문을 컬러판으로 중도일보에 연재한 바 있다.

간디는 석가(釋迦) 다음가는 성인

인도하면 '간디'를 화두에 올릴 만큼 그는 20세기의 큰 인물로 인도에선 석가(釋迦)에 버금가는 인물로 추앙받는다. 그에 대한 '애칭(By Name)' 또한 한두 가지가 아니어서 '대지(大地)의 선각자', '성웅(聖雄)', '인도(印度)의 등불', '철학자', '세기적 금욕(禁慾)주의자', '비폭력의 선구자', '예언자' 또는 '인도(印度) 건국의 아버지'라 부른다.

그는 지금쯤 천당에서 성인들과 무릎을 맞대고 지구촌의 분쟁을 걱정하고 있을 것이다. 필자는 소년시대 그의 전기(傳記)를 밤새워 읽었으나 종교와 정치면은 난해(難解)했다는 기억인데 훗날 다시 읽고 보니 그 역시 실수투성이의 청년기를 보낸 것을 알게 됐다.

그는 날카로우면서도 가슴이 넓고 고무줄처럼 탄력성을 지닌, 항영(抗英)투사요, 평화주의자였다. 현재는 '뉴델리'의 젖줄 '야무나'강가 잔디밭에 누워 있다. 하지만 그의 제단은 가묘(假墓)일 뿐 실제는 화장했던 터전으로 이곳엔 연중 순례자가 인산인해를 이룬다.

1948년 마(魔)의 1월 30일 그는 자신이 그토록 감싸고 아끼던 회교청년에 의해 총격을 당했다. 이어 '힌두'의 관습에 따라 이 장소에서 화장, 그 재(灰)는 몽땅 강물에 뿌려졌고 이 잔디밭 중앙에, 검은 대리석으로 사각의 기단을 마련해 놓았다.

정면 검은 대리석엔 그가 마지막 남긴 말을 새겨놓고 있다. 보통사람들의 묘비 같으면 잡다한 행적 같은 걸 적기 마련인데 그의 묘비엔「He Rām(오~ 신이여!)」그 한 구절뿐이다. 여기서 옛 명사들이 마지막 남긴 말은 무엇이었을까.

내키는 대로 몇 가지 예를 들어보자. 로마의 대장군 시저는 자객을 향해 '브루투스, 자네가….'라 했고 태평양전쟁을 일으킨 '도조(東條英機)'는 '저 세상에서 다시 만나자'라는 말을 남겼다.

간첩혐의로 교수형을 받은 조봉암(曺奉岩)은 '정치적 모함이니

하는 수 없다'며 술 한 잔과 담배 한 대를 청했다가 그나마 거절당했다. 진리(眞理)의 첫 시민이라던 '소크라테스'는 뭐라 했던가. '옆집에서 꿔다먹은 칠면조 두 마리를 갚으라.'고 유족에게 당부했다. 4대 시성(詩聖)의 한 사람 '괴테'는 '창문(窓門)을 열어다오'라고 소리쳤다.

간디는 〈오~ 신이여!〉 이외엔 딴소리를 하지 않았다. 그의 자서전이나 연설내용을 살펴보면 경전(經典)을 방불케 하지만…. 〈나는 공상가(空想家)가 아니다. 나는 실질적인 이상(理想)주의자임을 자처한다.〉 이는 그의 사상과 철학에서 우러나는 구절이기도 하지만 〈악(惡)에 대한 비협력은 선(善)에 대한 협력과 같이 인간 지상(至上)의 의무다.〉라는 말은 아직도 현대인 모두의 심금을 울린다.

그를 만난 서양의 어느 석학은 간디는 참으로 수수께끼 같은 인물이며 신비스러운 존재라고 평한 일이 있다. 그는 '유불선(儒佛仙)'과 '타마니 홀', 보통 가정의 아버지를 결합시킨 존재라고 했다. '타마니 홀'이란 17세기 후반 뉴욕의 '타마니 홀'을 중심으로 활동한 정치공작단이었다.

가계(家系)는 평민 '바이샤' 출신(出身)

간디는 1869년 10월 2일생. 만약 그가 살아있다면 올 148세가 된다. '석가모니' 탄생 이후 2000년 만에 나타난 큰 인걸이라 추앙

하지만 그를 혹평하는 이도 없지 않았다. '간디'는 엄청난 기회주의자라며 정치판이나 협상과정에선 바늘구멍만한 틈만 보이면 비집고 들어가는 협상의 명수라는 뜻이다. 그는 솔직담백한데다 뛰어난 직관력과 신통력을 지닌 인물이라 세인들은 말하지만 성분은 '바이샤' 출신으로 '카스트(Cast)' 4계층 중 평민인 3등급에 속했으니 자랑할 혈통은 아니다.

하지만 그의 조부와 부친은 비록 작은 주(州)지만 수상을 지낸 바 있고 엄격한 가훈과 힌두의 계율(戒律) 밑에서 유년기를 보냈다.

'간디'란 인도어에서 '식료품상인'을 뜻한다. 훗날 그가 펴낸 '자서전'엔 경전(經典) 같이 빛나는 구절이 나오는가하면 사생활까지 진솔하게 기술해놓고 있다. 그의 부친은 네 번 결혼을 했고 간디 자신은 네 번째 부인 소산이며 그는 아버지보다 어머니 영향이 더 컸다고 술회, 모친을 거의 성녀(聖女)처럼 미화시키고 있다.

'간디'는 백일기도하는 모친에게서 단식(斷食)하는 법을 배운 것으로 되어 있다. 강우기(降雨期)때 모친은 으레 단식을 시작, 햇빛을 보지 않고는 식사를 하지 않았다고 술회한다. 그의 자서전 '나의 眞理에 대한 실험' 속엔 다음과 같은 내용이 담겨있다. 그는 자서전을 내는데 꽤나 망설였다는 것이다. '회고록'이나 '자서전'은 주로 서양 사람들이 즐기는 것이라 해서 탐탁하게 여기질 않았다.

서양 사람들은 자서전을 자기과시나 어휘(語彙)의 장난쯤으로 여긴다고 보았기 때문이다. 그는 약혼을 3번 했다가 결혼 전에 3명이 모두 사망해 버려 네 번째가 부인 '카스투루바이'였다. 그녀는 무식한 편이었고 신랑은 13세, 부인은 10세 때 일이다. '간디'는 그때 남성구실을 제대로 했다고 털어놓고 있다.

'그녀에게 일찍이 글을 가르쳤더라면 지금쯤은 아마도 유명한 존재가 되었을 텐데….'하고 그는 자서전에서 아쉬워했고 '호색(好色)에 빠져 창녀소굴을 찾아간 일도 숨김없이 적고 있다. '간디' 부인은 50대에 이르러 겨우 글을 읽고 편지 정도 끼적거리는 수준에 이르렀다고 전해온다.

그는 15세 때 첫 아이를 낳았으나 곧 죽었고 그 무렵 부친마저 세상을 떴는데 그 순간 간디는 부인과 잠자리에 들었다가 임종(臨終)을 못한 불효(不孝)를 저지르고 말았다.

간디는 이에 대해 '떨쳐버릴 수 없는 오점'이라 자백하고 있다. 도덕적으로는 시비꺼리일 수 있지만 간디 역시 인간이었다는 걸 말해주는 대목이다.

아프리카에서 20년간 변호사생활

간디는 31세 젊은 나이에 성교를 끊어버렸다. 그렇다면 54년간 금욕생활을 했다는 이야기로 상상하기 어려운 대목이지만 어느 지도자가 이럴 수 있을 것인가. 특히 젊은 남성이 금욕생활을 한다는 건 쉽지 않은 일로 '백악관', '크렘린' 어느 권부에서도 찾아볼 수 없는 일종의 기행(奇行)이라 할 수 있다.

요즘엔 승려(僧侶) 층에서도 스캔들이 끊임없이 입줄에 오르내리며 '환속', '파계(破戒)'하는 예가 얼마든지 있다. '케네디'와 '마릴린 먼로' 염문설…. 고위직과 여비서 사이가 어떠니 하는 세상이지만 돌이켜 생각하면 그것은 본능일 수 있다.

하지만 '간디'는 금욕을 생활신조로 삼고 이를 '비폭력교리'의 필수적 예비조치라고 생각한 것이다. 그는 '아메다바드'대학을 마치고 법률공부를 하기 위해 런던 행을 결심했지만 여기에 제동이 걸렸다. 그때만 해도 힌두교에선 바다를 건너가는 것을 금기(禁忌)했지만 그는 굽히질 않고 런던 유학길에 올랐다. 그는 여기서 파문(破門)을 당했다.

그 시대의 관념과 사회상은 그런 분위기였는데 여비는 아내의 액세서리를 팔아 마련했다. 아버지처럼 주(州)의 수상이 되는 게 소망이었지만 영국의 수도 런던은 인도와는 생판 다른 세계였다. 그는 10파운드를 주고 말쑥한 양복을 맞춰 입고 댄스교습도 받았으며 입에 맞는 음식을 찾아 레스토랑을 자주 드나들었다.

런던 유학에선 프랑스어와 라틴어, 영어를 익히는 좋은 계기가 되었다. 3년간 런던에서 공부를 하고 돌아온 '간디'는 '봄베이'에서 변호사 개업을 했지만 초임이다 보니 처음엔 실수를 거듭했다.

또 '간디'는 얼마나 수줍었던지 원고를 들고도 읽질 못해 얼굴을 붉히며 변론인 석에 털썩 주저앉고 말았으니 사건을 의뢰한 측의 기분은 어떠했겠는가.

문제는 변론이 아니라 딴 데서 터졌다. 그것이 운명의 갈림길이 될 줄은 아무도 몰랐다. 어떤 문제(형의 청탁)로 영국인 사무실을 찾아갔다가 문전축출을 당하자 이때부터 영국인에 대한 반항심이 생겼다. 이밖에도 식민지치하가 되다 보니 예상치 않은 수모가 뒤따랐다.

변호사 신분으로 그 꼴을 당했으니 충격은 이만저만이 아니었을 것이다. 그는 여기서 결심을 했다. 인도에선 가망이 없다고 판단한 그는 남아프리카로 건너가 변호사로 일한다.

이때만 해도 그는 대영제국의 충실한 국민이었다. 비로소 그는 사회전반 그리고 강자와 약자 사이의 갈등 같은 걸 체험했고 '변호사가 할 일이 무엇인가?'라는 생각이 들었다. 변호사란 갈라져 있는 양자(이해당사자)를 서로 손잡게 하는 것이라 판단을 하게 됐다.

이때부터 간디는 정신적으로나 사회적으로 성숙기를 맞으며 타고난 재질을 발휘하며 자신을 갖게 되었다. 그는 만일에 대비, 3,700달러의 생명보험에 가입한 일이 있지만 곧 그것을 파기하고 말았다.

'무슨 이유로 내가 남보다 먼저 죽는다고 생각해야 하는가? 진짜 보호자는 내 가족을 돌볼 형이지만 눈을 돌려 보면 그것은 형이 아니라 하느님이다.'라는 결론을 내렸다. 이때부터 그는 종교와 철학에 몰두하게 된다.

'간디'의 '비폭력' '불복종' 운동

인도는 1차 대전 당시 영국을 돕기 위해 120만 명이 전쟁에 참가했고 그중 10만 명이 처참하게 죽어갔다. 인도국민들은 그 대가(代價)로 식민통치의 밧줄이 늦춰질 것이라 믿었으나 그 기대는 오산이며 환상에 지나지 않았다. 영국의 장관 '몬타규'는 '인도는 영국의 직할령이라는 점을 들어 점진적인 발전을 도모한다.'고 선포했다.

1917년의 일이었다. 이에 인도인들은 격분했고 '국민회의'에서는 '抗英운동'을 지령, 간디가 지도자로 들어섰지만 영국의 학정은 날이 갈수록 더해갔다. 영국은 특별법을 제정, 인도를 탄압하며 경찰권강화, '로울랜드'라는 걸 내세워 짓밟았다.

이때 간디의 '하르털(총파업)신인'으로 해서 수백 명이 학살당하는 참극을 빚자 이를 계기로 '비폭력(불복종)운동'이라는 절묘한 투쟁방식을 창안해냈다. 이 운동은 오늘에까지 신화로 전해지는 것으로 무저항이란 '나 죽었소!' 식의 굴종(屈從)이 아니라 고도의 '김 빼기'작전을 뜻한다. 간디가 주도하는 '국민회의'는 이때 다음과 같은 행동지침을 시달했다. ① 영국산 물품 안사기 ② 공립학교에 다니는 자녀의 자진퇴학 ③ 법정관리들의 철수 ④ 공공기관의 공직자 사퇴 ⑤ 세금납부를 거부할 것 ⑥ 명예와 칭호의 포기 등이 그 골자였다. 여기서 국산면직물 개발과 이를 애용하는 바람에 영국산 면직물은 발붙일 땅을 잃고 농촌에선 한 때 활기를 찾는 듯했다.

생산이 늘어나고 자활의지가 싹트기 시작, 당시는 농산물과 방직물 등 1차 산업이 판을 칠 때엔 공교롭게 또 하나의 사건이 터졌다. 일부 주민들이 경찰을 두들겨 패고 태워 죽인 사건이 일어난 것이다. '간디'는 '불복종운동'을 강행할 참이었으나 부득이 중지명령을 내리지 않을 수 없게 되어 버렸다.

그는 폭도들을 규탄하며 회개하는 뜻에서 저 유명한 '단식(斷食)'에 들어갔다. 하지만 '간디'는 끝내 쇠고랑을 차고 끌려가면서 이런 말을 했다. — 나는 국민들이 자제(自制)하길 바라며 나의 체포에 대해 기뻐하길 희망한다. — 라고. 성자가 아니고는 이런 말을 할 수 없는 일로 상대가 비록 악할지라도 폭력으로 맞서는 일은 없어야 한다는 게 '간디'의 신조였다.

혹자는 그가 '그리스도'를 흉내 낸다고 평하지만 어떻든 '간디'는 여러 차례 감옥에 끌려갔고 또 감옥에 가는 걸 두려워하지 않았다. — 감옥이란 나에게 새(鳥)처럼 행복한 휴식공간이다. — 정신이상자나 성자(聖者)가 아니고선 이런 말을 할 수 있겠는가. 선동죄로 '간디'는 재판에 회부되었으나 조금도 초조해 하질 않고 태연했으며 재판광경 또한 그야말로 걸작이었다.

아니 희화(戲畫)를 보는 기분이었다고 전해온다. 보통지도자 같으면 자신과는 무관하며 선동한 일이 없다고 잡아뗐을 것이다. 하지만 간디는 판사에게 간청을 하고 나섰다.

기소된 사람들보다 자신에게 중형(重刑)을 내려 줄 것을 요구하자 판사도 '간디'를 정중하게 대했다. 하지만 6년형을 받았다. 옥중에선 독서와 기도를 하는 게 일과였으나 '간디'는 맹장수술을 받는 통에 3년 만에 풀려났다.

출옥 후 그는 농촌으로 들어가 다시 활동을 시작했다. — 인도의 魂은 농촌에 있다. — 는 말을 거듭 외치며…. 언뜻 듣기엔 '전쟁으로 잃은 땅을 괭이로 찾자!'고 외친 '덴마크'의 '달가스(Dalgas)'를 연상케 했다. '불복종운동'을 실천하기 위해 그는 손수 물레를 돌리며 실을 뽑았는데 그것이 세계적인 토픽꺼리로 퍼져나갔다.

훈장(勳章)을 반납(返納)하다

'간디'는 1차 대전 때 영국을 위해 전쟁터에도 나갔다. 엄격히 말하면 그는 부역(附逆)을 한 셈이었다. 그 바람에 총독으로부터 훈장을 받은 일이 있지만 아프리카와 '봄베이'에서 영국인한테 받은 수모를 잊을 수가 없어 저항 쪽으로 기울었다.

그것은 사적(私的)인 문제였으나 더욱 참을 수 없는 것은 인도

국민에 대한 영국의 박해와 경제착취였다. 그렇다고 무력 앞에 폭력으로 맞서면 또 다른 폭력이 뒤따른다는 것을 그는 알고 있었다. '간디'는 훈장을 총독에게 반납했고 1차 대전 때 의무대 부사령관으로 활약한 대가로 받은 메달을 팽개쳤다.

총독은 이에 당황, '간디'를 회유시키려 했으나 호락호락 넘어갈 인물이 아니었다. 그의 투쟁노선은 확고했다. 초막(草幕)을 짓고 계몽에 나서 밑바닥 인생인 '수드라(노예계급)' 집단과 만나는 것을 낙으로 삼았다.

그리고 '수드라'를 '신(神)의 아들'이라 칭하며 농촌의 부흥과 복지를 위해 다음과 같은 5개년 계획을 세웠다. ① 가정에서 옷감짜기 장려 ② 농민에 대한 직업교육 ③ 보건 · 위생의 계몽 ④ 천민들을 지역사회(공동체)에 끌어들이는 일 ⑤ 농촌산업의 진흥 등이 그 골자였다.

손수 물레질을 하며 천민들과 기도를 올리는 '간디'의 혈통은 천민계급에 속하는 '3등급'이었다. '간디'의 종교를 정확히 아는 사람은 없으며 측근들도 모르고 있었다. 악(惡)에 대해 선(善)으로 대하려는 그의 사상은 그리스도와 같다지만 그는 단 한 번도 그리스도를 들먹인 적이 없다는 것이다.

'간디'는 '힌두'가 그러하듯 모든 신을 수용하는 '범아여일(梵我如一)' 쪽을 택했다. 엄격히 말하면 그의 체내엔 '힌두'의 피가 흘러 그의 철학은 무변(無邊) 그것이라 할 만큼 넓고 깊은 것이었다. 그리스도의 '바이블'에서부터 유태교의 '탈무드', 페르시아교의 '아베스타', 회교의 '코란'과 불교의 경전(經典) 모두를 수용해 온 그였다.

— 사람은 누구나 죽는 법이다. 그렇다 해서 출생을 기뻐하고 죽음을 슬퍼하는 것은 어리석은 일이다. 살아있는 사람의 영혼과 죽은 자의 영혼은 동일하다. — 그는 일상 그렇게 말하며 고통에 대해서도 그는 이렇게 설파하고 나섰다. — 밀(小麥)이 자란다는 건 씨알의 부식(腐殖)을 의미한다. 고통의 불길을 체험하지 않고 일어선 민족은 어느 곳에도 없다. 사회발전이란 참고 견딘 고통의 양(量)에 비례한다. — 이 말은 매우 철학적이다. 이는 당대 인도인의 고통은 미래를 보장받기 위함이요, 자신은 하나의 밀알로 썩을 것임을 시사한 말이다.

그가 이끈 운동 중 '소금行進'은 세계의 이목을 끌기에 충분했다. 소금은 정부의 전매사업 품(品)이지만 인간은 누구나 소금을 먹지 않고는 살아갈 수가 없다. 식생활에 있어 기본이 될 뿐만 아니라 약품과 공업용으로도 쓰인다.

문제는 국민에게 '소금세(鹽稅)'를 과다하게 물린다 해서 '간디'가 파업을 주도하자 행렬이 지나는 곳에선 예외 없이 소요가 뒤따랐다. '간디'는 외쳤다. 〈영국 앞에 무릎을 꿇고 빵을 달라했더니 우리에게 준 것은 돌멩이 뿐이다.〉 라고.

위인(偉人)에게도 단점(短點)은 있었다

세기적인 인물, 간디에게도 단점이 없는 것은 아니었다. 그도 인간이기 때문인데 몇 가지 사례를 들어보자. ① 그는 '카리스마' 체질로 나를 따르려거든 내가 제시하는 조건을 수락하라고 강요했고 ② '간디'는 중세풍(中世風) 인물처럼 지나치게 종교적 성품을 지녔다는 지적을 받았으며 ③ 그의 온순하고 부드러운 성품은 '마조히즘(피학대음란증 - 被虐待淫亂症)'이라 혹평하는 이도 있었다. 감옥생활이 '새처럼 행복한 휴식 공간'이라 할 정도라면 그는 기인(奇人)체질임에 틀림없다. ④ 작은 일에 세심한 배려를 하다 보니 큰일 앞에 망설이는 경우가 적지 않았으며 ⑤ 그는 지난 일을 쉽게 잊어버리는 습성이 있었다고 했다.

어떻든 '간디'는 지나치리만큼 협상을 즐기는 인물이었고 정치 지도자치곤 너무 종교적이라는 평이 따라다녔다. 죄는 미워도 인간은 밉지 않다는 철학적 견해가 때론 일을 더디게 한다고 측근들은 불평할 정도였다. 이밖에도 그 많은 일화를 열거하려면 지면이 모자랄 판이다. 한 번은 런던에서 저 유명한 희극배우 '채플린'을 만났다.

한동안 재미있게 이야기를 나누고 돌아오면서 측근에게 물었다. — 방금 만난 저 친구가 누구지? — 할 정도로 때론 '건망증'도 있었다는 이야기다. '간디'에겐 과학이란 저주의 대상이기도 하지만 과학의 산물인 안경과 체온계만은 평생 애용했다.

'마하트마 간디', 그는 영원한 인도인이며 동양 사람이지만 인도를 독립시켜놓고도 대통령이나 수상 직을 맡을 기회를 갖지 못한 것으로도 유명하다. ― 나는 너무 늙었어!…. ― 하며 자식처럼 아끼던 '네루'를 후계자로 지명했다.

목수(木手)는 제 집을 짓는 게 아니라 늘 남의 집을 짓고 다닌다는 말에서처럼 다리(橋梁)를 놓고 나면 금테안경을 쓰고 스틱을 휘두르며 건너는 자가 따로 있다고 했다. 그런 뜻에서 본다면 '간디'는 큰 목수요, 위대한 교량의 설계사였다. 일평생 인도라는 '집'을 짓는데 진력했고 식민치하에서 독립을 쟁취한 인걸이다.

인도대륙을 돌아보면 그 어느 곳에도 그의 발길이 닿지 않은 곳이 없었으며 도처에 박물관과 동상들을 세워 놓고 그를 신처럼 떠받들고 있다. '뉴델리', '마드라스' 등지엔 그가 거처했던 가옥이 있어 여행객, 석학, 정치인들의 발길이 그치질 않는다.

'석가(釋迦)'와 '간디' 그리고 '타고르' 등 3대 인물을 배출한 인도. 그러니 인도는 정신문화의 본산이며 '문화대국'임에 틀림없다. '간디박물관'엔 그가 돌리던 손때 묻은 '물레'와 안경, 체온계, 펜, 탁자, 침대, 지팡이 등을 고스란히 전시해 놓고 있었다.

그의 '회고록'과 논문집 등 유품에선 케케한 그 무슨 냄새가 코끝에 와 닿는데 그 시대 사건들을 '밀랍'으로 만들어 소장하고 있었다. '원탁회의' 장면과 연행 광경 같은 건 안타깝게도 보통 카메라에는 잡히질 않았다. 두꺼운 유리가 역광을 발하기 때문이다.

요즘도 필자는 '간디'와 '네루' 두 지도자의 사상과 의리(義理) 관계, 그 다음은 '간디'와 '타고르'의 서로 다른 '인간상'에 대해 생각을 해본다. '타고르'는 아시아에서 제일 먼저 노벨문학상을 탄 문호요, 당시 캘커타(인도수도) 제일가는 부호였다.

'가탄자리', '초승달', '10월' 등의 작품으로 유명하지만 우리에게 잊지 못할 일은 '아시아의 등촉(燈燭)'이라는 시를 '만세운동' 직전 동아일보에 게제, 피압박민족이던 '코리아'에 용기를 불러일으킨 인물이다. 필자가 '타고르대학' 부총장과 인터뷰를 하는 과정에서도 '간디'이야기가 나왔다.

'간디'는 가끔 '타고르'를 찾아와 세상이야기를 하며 정분을 다졌다고 했다. 하지만 '간디'의 눈에 비친 '타고르'는 어떤 모습이었을까 하는 점이다. 천재(만능)예술인 '타고르'는 궁전 같은 저택에서 그림도 그리고 음악도 즐기며 소설, 시, 희곡을 썼다.

자신이 쓴 대본을 갖고 자기 집 무대에서 스스로 주연을 맡았던 이 뛰어난 예술가를 바라보며 '간디'는 히죽 비웃었을지도 모른다. 〈지나치게 사치스럽다.〉고….

요즘 인도가 급부상을 한다 해서 세계가 이를 주시한다. 영토, 인구, 역사성에 있어 중국과 비견할 나라라 해서 그러하다.

제4부

공주 무령왕릉 개봉은

정사(正史)와 야사(野史)는 공존한다

북관대첩비(北關大捷碑)의 환국

조선통신사(朝鮮通信士)의 기막힌 보고

충남도와 「구마모토」의 결연

한 · 일 의원연맹 동경(東京)대회

공주 무령왕릉 개봉은

—백제사 정리의 새 기점(起点)

1400년의 일식(日蝕)

1971년 7월 6일, 이 날은 1400여년의 유폐(幽閉)를 딛고 백제가 눈부시게 부활한 날이었다. 다시 말하면 '멸망국의 잔해'라 해서 따돌림 받던 백제문화가 기나긴 일식(日蝕)에서 벗어나 태양

등 아래 부상하는 순간임을 뜻한다. 무령왕릉 발굴 때 아시아의 시선은 온통 이곳 공주에 쏠렸다.

이 무렵 한 · 중 · 일 한자 문화권은 서로 경쟁이라도 벌이듯 고분을 발굴해냈다. 일본의 나라(奈良) '아스카'에선 고구려 풍의 고분벽화가 나와 천하를 들뜨게 했다. 거기서 발굴한 벽화는 '여자상', '청룡', '현무', 사신도(四神圖) 등으로 현지에선 백제풍이라 했지만 한국에선 고구려 풍이라 단정하고 나섰다. 여인들의 치맛자락 그 선과 여인 얼굴들은 하나같이 고구려풍이라는 것이나.

이와 엇비슷한 시기에 중국, 장사(長沙)에선 3000여 년 전의 여인 유해가 나와 화제를 모으기도 했다. 말하자만 '미라'를 발굴한 것이다. 이를 놓고 학계에선 서한(西漢), 이창후(利倉候)의 왕비라 추정하고 있었다. 그 여인의 뱃속엔 까만 수박씨가 그냥 남아 있다고 외신들은 수선을 떨었다.

이렇듯 70년대 초 한 · 중 · 일 세 나라는 고고학 열기를 드높이는 그런 시기였다. 이중 무령왕릉의 발굴은 백제사를 정리하는데 크게 기여를 했고 대륙의 양나라(梁)와 섬나라 왜(倭)와의 관계를 보다 투명하게 과학적으로 정리하는 계기를 가져왔다. 이 왕릉은 공주시 금성동 송산리 5~6호분 배수공사 중 우연히 벽돌무덤 1기가 발견되어 이를 개봉하다 이렇듯 경이로운 수확을 거둔 것이다. 이 왕릉에서는 108종 2906점에 이르는 유물이 출토되었고 그 중 12종 22점은 국보로 지정을 받는다.

발굴 당시 입구에는 지석(誌石)과 석수(石獸), 매지 문서를 비롯 목관, 관식, 허리띠장식, 장검, 금동신발, 베개, 발받침, 사각형 금관, 귀걸이, 팔찌, 동경, 중국 도자기, 백자등잔 등 약 3,000점의 유물이 나왔다. 이는 사상 최대, 최고의 고고학적 수확일 뿐만 아니라 외면당했던 백제사 연구에 신기원을 이루는 계기를 마련한 셈이 된다.

백제왕 금관도 없었나

왕릉의 발굴로 무덤의 주인공과 사망 연대, 그리고 대륙과 섬나라(왜)와의 관계를 정리하는데 결정적인 단서를 얻어냈음은 물론이다. 무덤입구의 '지석'에는 백제 무령왕과 왕비가 죽자 이곳 대묘에 안장했다고 써 있다.

지석에 써 있는 수려한 남조풍 해서체는 모두의 눈을 끌었다. 무덤의 주인공인 왕은 523년 5월, 왕비는 526년 11월에 사망했으며 묘는 512년에 이미 축조, 합장했다는 내용이다. 그 다음은 이 왕릉에선 묘지 매입문서가 나와 크게 화제를 모았다.

거기에는 돈 일만 문(文 단위)과 은 일건을 주고 상하 지신(地神)들로부터 묘지를 샀다는 내용이 담겨져 있다. 또 이 왕릉의 축조형태(횡혈식)는 이미 한성 도읍시대부터 보편화했고 6세기 초 중국 남조 '양'나라로부터 건너 왔음을 말해 준다.

또 한 가지는 국보 63호로 지정받은 지석에 적혀 있는 '영동대

장군'이란 중국 양나라 고조가 무령왕에게 내린 호를 뜻하며 '사마왕'은 무령왕 본래의 이름이다. '삼국사기'에선 '斯麻'로 '일본서기'는 '斯摩'로 기록되어 있다고 학계에선 증언하고 있다.

어떻든 무령왕릉 발굴은 전례 없는 경사로서 전문가들도 의외의 성과에 모두 말을 잊은 채 얼굴엔 홍조를 띄고 있었다. 그 순간 누군가가 물었다. "단장님! 백제 때는 왕관도 없었습니까?" 이때 머뭇거리던 발굴단장이 답했다. "백제 때는 왕관이 없었습니다."

현실안의 유물, 부장품 모두를 밖으로 끌어내고 짐짓 휴식을 취하던 단원들이 다시 안으로 들어가 청소를 하듯 쓸어내고 있었다. 그런데 이 때 사건이 일어났다. 분명 그것은 충격적인 사건이었다. 발굴단장이 현실에서 나오며 "여러분! 정정합니다. 백제나 고구려, 신라 모두 왕관이 있었습니다." 이 순간 폭소가 터져 나왔다.

오늘날 저 찬란하게 빛나는 '불꽃무늬' 금관 장식물이 뒤늦게 드러난 데엔 그 나름의 이유가 있었다. 왕과 왕비의 관은 그 테두리가 천으로 되어 있었지만 천수백년이 지나자 삭아버렸고 두개골 역시 삭아 재로 변해 있었다.

금으로 된 횃불무늬 장식은 천정에서 타고 내려온 풀뿌리 세근(細根)에 휘말려 뒤쪽에 깔려 있는 걸 뒤늦게 찾아낸 것이다. 그 시대 백제를 바라보는 시각은 이 수준이었다.

긴 잠에서 깨어난 백제(百濟)

무령왕릉을 발굴하기 전 백제문화는 폐광지대에 버려진 '버럭'처럼 천대를 받아온 과거를 갖고 있다. 그것은 더 없는 비극이며 참을 수 없는 수모이기도 했다. 이는 한민족의 역사를 신라와 고구려라는 두축(兩軸)을 근간으로 연구와 개발, 인양(引揚)해 왔다는 걸 뜻한다.

그러다 보니 지난 90년대 초까지 남한에선 신라문화가 대표성을 지닌다고 큰기침을 했고 북측은 단군, 기자, 고구려(광개토대왕)를 등에 업고 그들 특유의 '주체사상'과 접목시키는데 열중했다.

하지만 앞으로는 신라, 백제, 고구려는 3각(脚)으로 정립(鼎立)해야 한다는 게 시대적 요청이라 할 수 있다. 지난날 백제권과 신라권의 개발 형태를 보면 "이럴 수가……." 울분 같은 게 터져 나올 수밖에 없다.

대통령과 국회의원, 지자체장 선거 때면 공약 제 1성 그 메뉴는 으레 백제권 개발이었다. 그러나 청사진은 풍성하고 화려하면서도 선거가 끝나면 그만이었다. 그리고 박 정권 시절엔 백제문화, 계백정신, 부여, 공주개발 같은 걸 외치려면 어딘가 누군가 눈치를 봐야 했다.

계백장군이나 백제 부흥운동, 역사적 사실을 연구하려 해도 예산지원이 제대로 이뤄지질 않았다. 그러니 백제는 '멸망국의 잔해'요 역사의 '곁가지'인 동시에 나뒹구는 '버럭'처럼 설움을 '받아온 세월이었다.

오죽했으면 아시아의 석학이라 자처하는 발굴 단장 입에서 "백제왕조에는 왕관이 없었다."고 했겠는가. 작은 일 같지만 생각을 해보자. 인디언 추장에게도 그에 걸 맞는 이마 띠는 있고 암흑대륙 아프리카의 촌장에게도 상징하는 관식은 있기 마련인데 항차 백제왕국에…….

여기서 대전을 평생 지켜 본 필자. "백제 미술과 혈순당(血脣堂)이라는 글(픽션)을 신문 잡지에 실은 일이 있다. 또 그는 60년대 중반 중도일보에 '百濟七百年'이라는 역사물을 게재 관심을 끌기도 했다.

이 글을 쓰게 된 동기는 박 정권이 기승을 부리던 60년대 경주박물관장을 지낸 「홍사준」씨의 이야기를 듣고 써낸 연재물이었다. 경주 박물관장이 걸핏하면 백제문화의 우수성을 말한다 해서 부여 관장으로 좌천당했다는 「홍사준」.

감탄과 환호 속에 왕릉을 발굴했으나 그 뒤처리에선 갖가지 오류와 시행착오를 범했다. 그 소중한 출토품을 잡화상자 다루듯 버스로 털털거리며 서울을 왕복했기 때문이다. 이 유물들을 어디에 보관 전시하며 또 감정(분석) 주체 등을 놓고 우왕좌왕했던 걸로 짐작한다.

유물이 함부로 햇빛에 노출되거나 습기와 만나게 되면 그것은 치명상을 입기 마련이다. 그래서 뒤처리의 후진성을 나무라는 여론이 들끓었다. 이외에도 문제점은 또 있었다.

제2무령왕릉이라 할 모형전시관에 습기가 차 안개가 끼고 빗물까지 새어 관람객들은 혀를 차기 일쑤였다. 그러나 이와 같은 오류와 시행착오를 딛고 백제의 위상은 날로 제 모습을 찾아가고 있다.

왕릉 개봉 20주년 기념 세미나에서 박병국 교수는 왕과 왕비의 관은 국산이 아닌 일본 규슈 남쪽에서 만 생성하는 금송(金松)이라 발표해서 우리를 놀라게 했다. 이는 백제와 '왜'가 밀접한 관계를 일찍부터 유지했다는 것을 의미한다.

경변(經邊) 교수는 '호리꾼'

71년 무령왕릉 발굴 당시 참관인들 입에선 가루베(輕邊) 이야기가 심심찮게 튀어나왔다. 가루베가 왕릉의 낌새를 알았더라면 이렇듯 보물이 남아 있지 않았을 것이라 했다. 그는 일제 때 공주고보와 대동여고 교사를 거쳐 해방 때 쫓겨나 뽄다이(日本大) 교수로 일한 고고학자를 말한다.

가루베는 65년이던가. 대전을 찾은 일이 있는데 대전여고 교장실에 들어 앉아 필자의 면담을 계속 거절했다. 당시 교장인 조중엽 씨는 옛 동료를 보호해 주는 듯한 인상을 짙게 풍겼다.

그 후 필자는 대전 유네스코와 자매도시인 누마즈(沼津)에 건너가 술자리에서 '가루베'를 들먹이다 언쟁을 벌인 일이 있다. 가루베, 그자는 교육자가 아니라 '호리꾼'이라 말한 것이 도화선이 되었다.

"선생, 야쓰(놈)라니 너무 심한 것 아닙니까? 나는 제자로서 돌아가실 때 가정정리를 맡아 했지만 한국의 문화재, 보물 따위는 한 점도 못 봤다."며 눈꼬리를 세웠다.

필자도 물러날 수 없다는 생각에 맞받아친 게 분위기를 더욱 흔들어 놓은 꼴이 되어 버렸다. "그 속을 누가 알아요, 대학박물관에 기증했거나 상인에게 넘겼을 수도 있고, 아니면 패전 후 일본이 배고플 때 쌀이나 고구마와 맞바꿔 먹었을 수도 있지 않느냐?"고 내쳤다.

"선생 입이 너무 험합니다." 상대는 상기된 얼굴로 씨근거리는데 주변에서 "손님인데……."라고 말리는 바람에 수습된 일이 있다. 어둠과 수모의 긴 터널에서 벗어난 백제, 1,400년 온갖 수난이 뒤따랐지만 오늘에 있기까지엔 행정적으로는 역대 충남지사, 공주시장, 부여군수, 출신 구 국회의원, 공주 부여 박물관장, 각 대학의 백제문제연구소의 땀 흘린 결과라 보아진다.

그간 백제 문화를 연구해온 학자들의 면면을 살펴본다. 이병도, 윤무병, 김영배, 안승주, 진태섭, 김원룡, 강인구, 성주택, 사재동, 이진희, 이은성, 정구복, 김재봉, 이상수, 노중국, 이기동, 윤세영, 김홍남, 이태영, 서오선, 조재훈 교수 등이 떠오른다.

백제는 기지개를 켜며 일어서고 있다. 동북아의 맹주로 중국, 일본, 동남아를 호령하던 그 시절처럼.

정사(正史)와 야사(野史)는 공존한다

문화의 달 10월도 서서히 저물어간다. 전국 방방곡곡에서 펼친 축제는 우리 모두의 가슴을 촉촉하게 적셔주었다. 그 축제를 지켜보면서 우리는 희열을 느끼는 한편, 또 다른 측면에선 아쉬움 같은 걸 떨칠 수 없다.

우선 우리 민족 3대 축제의 하나로 꼽는 「백제문화제」에 대해서도 앞날을 위해, 하고 싶은 말은 한두 가지가 아니다. 예년보다 예산이나 규모와 질에 있어 발전했다고는 하나 아직도 할 일은 많다.

① 백제의 역사 정리는 여전히 미완상태 그대로다. 시조라 할 「온조」와 「비류」의 골격정리가 제대로 되어 있지 않다는 점. ② 무령왕의 출생지가 어디인지 그 자체를 놓고도 이런저런 설이 있다. ③ 역사란 전성기뿐만 아니라 쇠퇴기와 종말까지를 아우르는 작업이라 보아 파국 때의 정황도 포함시켜야 옳고 ④ 오랜 역사를 지난 나라에서도 정사(正史)와 야사(野史)는 공존을 한다.

그러나 백제는 야사(전설) 자체도 많지 않으니 이 또한 계발이 시급하다. 간혹 야사를 비과학적이라 해서 폄하하는 경향이 있으나 이는 잘못이다. 정사를 계란에 비유한다면 그것은 「노른자위」요, 야사는 표피(껍데기)라 보아 잘못이 아닐 것이다.

백제사를 놓고 논하고 이를 테마로 축제를 벌일 경우 저 처참했던 종말을 배제하고는 설득력이 없다. 당나라 소정방에 의해 끌려간 의자왕 일가의 제후 측근들은 중국 낙양(洛陽)에서 멸종한 것으로 되어 있다.

또 한 가지, 정사와 야사(전설)는 상화 빙탄(氷炭) 지간이 아니라 순치(치아와 입술) 관계라 해서 잘못이 아니다. 백제 이야기를 꺼내다 보면 야사가 정사구실을 하는 대목이 수두룩하다.

백제가 망할 무렵 부여 성안에선 신라의 첩자와 상궁이 내통을 한다느니 심지어 용상에 흰 여우가 앉았다는 등 궁 안의 느티나무가 '백제는 망한다'는 이해 못할 일들이다. 뿐만 아니라 나당 연합군에 의해 부여가 무너질 때 백마강에 몸을 던졌다는 삼천궁녀 이야기만 해도 그렇다.

삼천궁녀라니…. 혹 300명이라면 또 모른다. 당시 부여 인구가 얼마였을까. 백제여성의 정절과 당시 상황을 실감 있게 전하려다 보니 그리 과장되었을 것이다.

또 「구드레」의 자온대(自溫臺)만 해도 임금이 나오시기 전 신하들이 미리 불을 지펴 데워 놓은 걸 돌 자신이 그렇듯 조화를 부린 것으로 전해진다. 「풍신수길」이 「오다노부나가(織田信長)」 몸종시절 신발을 가슴에 품었다 내 놓았다는 일화와 다를 게 없는 내용이다.

고구려 '대탐험전'

옛 동북아의 맹주 고구려가 중국의 '동북공정'에 밀려 일식(日蝕)에 휘말릴 징후를 보인다. 그 낌새를 우리는 오래전부터 감지할 수 있었다. 고구려는 남으로 백제, 신라와 경계를 짓고 북으로는 중국의 동북 흑룡강과 동으로는 송화강, 서쪽은 북경근교까지 영토로 삼았다.

그 터전에서 삭풍을 가르며 말을 달리던 고구려의 기상, 일찍이 그렇게 우리 할배(조상)들은 동북아의 주인이었다. 중국의 여러 부족을 차례로 무찌르고 신라, 백제와 끊임없이 겨룬 까닭은 '민족개념'보다 '부족(집단)' 이익이 우선했던 시대배경 때문이었다.

그토록 번영을 누려온 고구려의 발자취는 세세사에 빛날 뿐 아니라 문화유산 역시 찬연한 것이다. 신라, 백제도 독특한 문화를 누려왔지만 그 못지않게 고구려 역시 특징을 갖고 있다.

오랜 세월 중국 집안(集安) 등에 수도를 두었던 탓에 그곳 일대가 문화재의 보고가 돼서 이젠 한국인의 접근을 막는 일까지 발생했다. 평양과 남포지방, 중국의 '집안', 황해도 일대 석성, 돌무덤과 벽화, 생활유적, 풍속도 등 모든 문화재는 당시의 번영상을 말해주는 것이다.

그러한 고구려 유적을 우리는 이 고장에서 접할 수 있게 됐다. 중도일보와 국립중앙과학원이 공동으로 고구려 대탐험전을 열은 바 있다. 이번 전시에 내놓은 고구려 관련 문화재는 유네스코에 등록된 것들이 주축을 이루고 있다.

이 전시품들은 북한에서 직접 가져온 것으로 총 225점에 이른다. 여기서 더욱 주목할 것은 벽화, 무덤의 모형과 실물 크기의 벽화모사도, 기마민족을 상징하는 마구와 그 장비, 저 유명한 수렵도, 4신도와 고대 악기, 고구려 불상 등이 전시 중에 있다.

이밖에도 생활 문화유산이라 할 기와, 벽돌 수막재, 시루, 단지를 비롯 여인의 장신구, 의류까지 내놓았다. 고구려 미술(벽화)은 신라, 백제 것 이상으로 장려(壯麗)할 뿐 아니라 국보급 문화재로 등재된 수치만 해도 80여 곳에 이른다.

신라에는 '천마총' 같은 뛰어난 벽화가 있다지만 백제에 이르러선 매우 열악하다. 반면 백제에는 익산의 동탑, 서탑을 비롯 정립사지의 5층탑 금동향로, 마애삼존 등 세계적인 문화유산이 있다.

부여 벽화는 고구려풍

백제에는 부여 능산리 고분 천장벽화가 있을 정도다. 84년으로 기억한다. 프랑스 문화성 '안토니오즈' 문화예술국장이 한국정부의 초청으로 서울에 왔다가 대전에 들른 적이 있다. 그는 한국정부에서 문화훈장을 주겠다는데도 마다하고 손을 내저은 장본으로 유명하다.

필자는 그와 인터뷰를 가진 바 있어 초면이 아니었다. 창간 기념호 특집용 '파리에서 내다 본 동양의 예술'이라는 제목의 회견이었다. 그는 미술에 관한한 전문가(심의안)로 동백림 사건 연루자인 고암 이응노를 비롯 중국의 자우기, 대만의 장대천 등과도 오랜 교분을 갖고 있다.

그들 부부를 안내한 필자는 부여로 직행, 우선 낙화암에 올라 삼천궁녀 이야기를 장황하게 늘어놓자 말수가 적은 그는 한참 뒤에야 "예리미아의 애가(哀歌)를 듣는 것만 같다."며 히쭉 누런 이를 드러냈다. 이는 능숙한 통역 탓이리라….

그 다음 박물관에선 '백제의 미소'라 불리는 불상은 "선(線)이 아름답다"고 했고 능산리 벽화(탁본)에선 한동안 눈을 떼지 않고 있었다. 이에 필자가 3국 중 가장 미술 수준이 높았던 게 백제였다고 호들갑을 떨자 "세련된 벽화지만 대륙의 영향을 받은 것이 아닌지 모르겠다."며 관심을 나타냈다.

이에 팔지는 백제 특유의 화풍이라고 거듭 응수했다. 하지만 고구려 것을 그대로 받아들인(모방) 작품이라는 걸 알게 된 것은 한참 뒤의 일이었다. 본질을 제대로 모르면서 내 것만을 외치는 소위 독선 '우월주의' 같은 것은 이래서 문제를 드러내는 것일까.

해묵은 이야기지만 또 다른 경험도 있다. 전국예술인대회 때 필자는 주제발표에서 석굴암은 한국불교미술(건축)의 정수요, 더 없는 자랑거리지만 그것은 신라 독창물이 아닌 삼국종합작품이라 보는 눈이 있다고 주장, 말썽을 빚은 사건이다.

이때 영남권 문화예술인들은 마치 신전에 오물이나 끼얹은 듯 반격을 해왔다. 이 역시 '우월주의'에서 오는 오만이라 할 수 있다.

백제의 대표적 벽화라면 부여 능산리 고분에서 발굴한 천장벽화를 들 수 있는데 세로 10여척, 가로 3척 남짓의 화강암 천장에 그린 것으로 구름 위에 활짝 핀 꽃송이들이 흐르고 맴도는 모양새다.

이 벽화의 주제(主題)는 '사신도'로 원래는 내벽에 그렸으나 이젠 서벽에 겨우 백화의 머리 부분만이 남아 있을 뿐 나머지는 퇴색되어 있다. 연꽃과 구름은 매우 힘차고 화려하게 묘사되어 생화를 방불케하여 둥둥 떠다니는 듯한 인상이다.

천장에 서리고 엉킨 물방울은 1000여년의 시공을 뚫고 벽화를 씻어 내렸건만 60년대까지만 해도 선과 색이 그냥 뚜렷했었다. 하지만 이 벽화는 백제독창물이 아니고 진파리 1호와 4호 무덤, 그리고 강서 큰 무덤과 고구려 말기 무덤들의 벽화와 꼭 같다고 학계에선 증언한다.

그러면서도 이 벽화는 당시 미술 수준을 자랑하는 동시에 백제와 고구려간의 끊을 수 없는 문화적 연계성을 말해주는 것이다.

경주권의 우월감

그 다음 고구려와 신라의 관계는 어느 정도였을까. 평화시에는 3국이 교류를 하면서 상호보완관계를 유지했음을 알 수 있다. 그렇다면 신라에 고구려는 어떤 영향을 남겼는가에 대해 생각해본다.

경주권에선 석굴암을 신라문화의 정수(精髓)요, 독창물이라 자랑이 대단하지만 어김없는 신라 독창물이냐 하는 데엔 이견의 소지가 없지 않다. 석굴암 바닥의 평면도는 정삼각형 여덟 개로 기조를 이루며 중앙엔 우람한 석불이 좌대 위에 앉아 있고 둘레의 벽엔 시불(侍佛)들로 둘러싸여 숙연해진다.

그러나 조용히 살펴보면 석굴암은 신라의 독창물이라기보다 어쩌면 삼국종합 예술일지 모른다는 인상이 짙다. 정문 양쪽에서 있는 8각 석주(石柱)는 고구려의 '쌍영총' 돌기둥을 그대로 닮았으니 고구려풍이라는 것이다.

대불을 중앙에 두고 벽 둘레에 새겨진 시불 중 「문수(文殊)보살과 「보현(普賢)보살」 그 선과 구도, 표상에 있어 백제불상을 그대로 빼다 박은 듯하다.

그렇다면 석굴암은 삼국종합작품일 수 있다는 분석이 억측만은 아닌 듯하다. 고구려의 문물은 이렇듯 백제, 신라를 거쳐 섬나라 일본으로 들어갔다. '아스카'가 그 무렵 도래인들에 의해 수도 구실을 해오다 나라로 옮길 때까지 고구려, 백제, 신라는 번갈아 주도권 다툼을 벌여왔다.

나라(奈良)에서 빼놓을 수 없는 코스로는 저 유명한 '아스카'의 '다카마즈총'을 들 수 있다. 현지 '아스카' 자료관엔 고분일대에서 출토된 곡옥(曲玉) 및 기왓장 장신구 등을 연중 전시하고 있는데 이 모두 한반도에서 발굴된 것과 아주 흡사하다.

그래서 "'나라'에 가보면 한국이더라.", 또는 "백제는 일본의 유모였다."라는 말이 나돌 정도다. 이 '다카마즈총'은 지난 69년 개봉된 것으로 한 농부가 죽순을 캐던 중 우연히 발전한 것으로 일본에선 금세기 최대 최고의 고고학적 발굴이며 개가라고 흥분을 감추지 못했다.

이 고분의 벽화는 '여인상(女人像)'과 '청룡(靑龍)', '사신도(四神圖)' 그리고 '성좌(星座)'로 장식, 색채가 선명하고 기법이 정교하기 이를 데 없다. 문제는 어느 시대, 어느 민족 계통의 것이냐에 세상은 눈은 이곳에 쏠리고 있었다.

나라(奈良)는 일본의 첫 수도

일인들도 입을 모아 도래계의 작품이라 치부하는데 '가시하라' 연구소는 이 벽화가 6세기 후반 '아스카'에 정착한 백제인들의 장례 선상에서 연유한 것으로 보고 있다.

'4여인상'의 얼굴이 백제인을 닮았다고 추정하지만 우리 학계에선 오히려 '고구려「쌍영총」벽화의「3여인상」을 빼다 박았다'며 고구려 풍이라 단정해 왔다.

그 증거로 벽화 속 여인들의 치마 끝이 백제계의 느슨하고 부드러운 선이 아니라 각(角)이 져 '전진(前進)치마'를 닮았다는 점을 지적하고 있는 것이다.

필자는 여러 차례 이곳을 찾았지만 그때마다 새로운 감동을 받곤 했다. 이렇듯 고구려는 광활한 중국에서 남하, 백제, 신라를 거쳐 바다 건너 섬나라 일본으로 들어갔다.

그래서「야요이」시대부터 도래인들에 의해 국가기원의 초석을 이뤘다는 걸 일인들도 굳이 숨기려 하지 않는다. 교토, 나라, 오사카(大坂), 규슈(九州)에선 가는 곳마다 그 발자취와 만날 수 있다.

그러나 여기 문제가 있다. 고구려, 백제, 신라는 각기 고유의 문화를 꽃피워왔음에도 언제부턴가 서로 우월(優越)감에 빠져 상대 것을 폄하하고 짓밟는데 익숙해 있었다.

신라 쪽이 더욱 그러했다. 삼국을 통일했다는 긍지 때문일까. 유독 백제문화에 대해선 패망국의 잔해(殘骸)라 해서 평가절하를 일삼았고 특히 60~70년대는 오로지 신라문화(경주권) 독주시대였다.

따지고 보면 외세(당나라)를 끌어들여 동족을 파멸시킨 그런 아픈 역사성은 아예 접어두고 말이다. 이제는 백제, 고구려 역사와 문물에 대해 균형 있는 안목으로 대해야 할 시점에 와 있다.

백제, 고구려가 패망국이었다면 신라도 예외가 아니다. 역사 오랜 민족치고 흥망을 거듭하지 않은 예가 어디에 있는가.

그래서 역사는 단절하면서 승계하고 승전(承傳)하면서 단절한다는 속설이 설득력을 갖는다. 어떻든 고구려가 더욱 가깝고 정답게 우리 앞에 다가오고 있는 것이다.

북관대첩비(北關大捷碑)의 환국

북관대첩비(北關大捷碑)가 일본으로부터 100년 만에 귀환했다. 이 비에 대해 아직도 잘 모르는 이가 없지 않을 듯한데 실은 임진왜란 때 함경도 길주(吉州)와 경성(鏡城)에서 의병장 정문부(鄭文符)가 왜군을 크게 무찌른 공을 기리기 위해 세운 것이다.

숙종 34년(1707)의 일이었다. 그러면 그 비가 어떤 이유로 일본으로 건너갔는가? 여기에도 예외 없이 민족의 한은 서려 있다. 1905년 노·일 전쟁 당시 함경도에 주둔한 일본군 중장 '미요시'가 강탈해간 것을 간악한 본토 제국주의자들이 「야스쿠니신사」안에 이를 유폐시켜 버렸다.

이 신사는 명치시대부터 2차 대전 종료 시까지의 전몰장병과 전범(원흉) 등 224만의 위패를 합사해 놓은 곳이다. 여기서 대첩비를 큰 돌로 짓눌러 놓고 철책으로 가둬놓았다가 오랜 협상 끝에 가까스로 풀려났다.

이 비의 높이는 187cm에 1500자를 새겨 놓았고 내용은 왜적을 무찌른 공훈을 기록해 놓았다. 이를 발견한 것은 재일사학자 최서면(崔書勉)씨로 그는 오랜 세월 도쿄 '한국문화원장'을 지낸 인물이다.

필자도 수차례 그의 사무실을 찾은 일이 있어 서먹한 사이가 아니다. 필자는 80년대 초 한국 신문편집인협회 이우세 회장으로부터 몇 차례 대첩비 이야기를 들은 일이 있다.

하지만 그 때 필자는 마이동풍이었다. 웃기는 소리 말라고 코웃음까지 쳤다. 왜군을 무찌른 대첩비가 왜 「야스쿠니신사」에 들어가 있느냐는 데서 그냥 묵살해 버렸다. 그 때 무슨 대첩비라 들었지만 선 듯 이해가 안가 그냥 흘려버렸다.

명량(鳴梁)대첩비라면 또 몰라도……. 지금 생각해보니 이우세 전회장의 말이 맞다. 그는 도쿄특파원을 거쳤기 때문에 최서면 원장과는 친밀했고 일본에 대한 갖가지 자료도 갖고 있는 듯 했다.

뿐만 아니라 그의 부인은 최서면 원장이 이끄는 '한국문화원'에 근무를 하고 있었고 이 회장 외동아들은 도쿄대학 법학부에서 학위를 받고 지금은 도오호쿠(東北大)에서 교수로 일한다.

이와 같은 정황으로 미뤄볼 때 이 회장은 최서면씨로부터 내력을 들었을 것이다. 뒤늦게 접한 지식이지만 그래서 북관대첩비는 필자한테도 예사롭지 않게 다가온다.

그 무렵 또 다른 사건이 터졌다. 재일사학자 이진희씨를 만났는데 그는 쫓기는 사람처럼 허둥대고 있었다. 광개도대왕비를 일본 군부가 변조, 또는 왜곡했다고 신문에 기고를 하자 이에 대해 항의가 빗발쳤다는 것이다.

밤중에도 협박전화가 잇따라 집엘 못 들어가고 외박을 한다고 했다. 그때서야 이 비를 놓고 한 · 중 · 일 3국이 줄다리기를 하는 걸 알았다. 이후 이씨는 경향신문을 통해 계속 반박하고 나섰다. 북관대첩비로 다시 말머리를 돌린다.

이 비는 당분간 국내전시를 하고 남북 간에 합의를 이루면 북측으로 인도, 있던 자리로 돌아갈 것이다. 이 비의 환국은 민족정기의 회복은 물론 식민지정책 청산의 일환이라 생각해도 무방할 것이다.

광개토대왕비(廣開土大王碑)와 계룡장학회

세상에는 여러 종류의 비(碑)가 있다. 전승비, 영세불망비, 묘비, 선정비, 문인들의 시비 등 헤아릴 수 없이 많다. 그러나 북관대첩비보다 더 크고 위용을 자랑하는 비가 있다면 그것은 광개토대왕비뿐이다.

아마도 아시아에서 이를 능가할 비는 없을 것이다. 이 비는 고구려의 웅대했던 기개와 자랑스러운 우리 민족의 근간을 상징하는 것으로 더없이 소중한 유산이라 하겠다.

하지만 가슴이 저며 오는 그 통한을 우리는 어떻게 삭히며 또 그것을 정리해야 하는가. 옛날 고구려 땅에 대왕의 아들이 세운 소중한 큰 비를 중국과 일본이 멋대로 첨삭, 역사를 왜곡하고 있다.

이 비석을 놓고 줄다리기를 하기 시작한 건 100년 전부터라 하겠다. 1882년경 만주를 여행하던 일본군 참모본부의 밀정 '사카와에' 중위에 의해 일부 문자가 변조되며 1889년에 그 내용이 세상에 드러났다.

이를 기초로 일본은 한국사 왜곡에 열을 올리며 「미마나(任那日本府)」설과 「징구고오고(神宮皇后)」 신라 정벌설과 연결 짓는 길을 텄다. 그럼 중국은 어떠한가? 일본과 같은 시기에 관심을 드러내더니 고구려가 변방의 일개부족이니, 금(金)나라의 속령이니 하며 왜곡하고 나섰다.

그리고 요즘엔 집안(集安)의 광개토대왕비를 특히 한국인에겐 접근조차 못하도록 경비를 강화해 놓고 있다. 주변에 담장을 치고 비의 경호시설까지 구축해 놓아 이제 우리들은 그곳엘 가도 마음대로 접근조차 어렵게 되어 있다.

그럼 광개토대왕은 누구이며 이 비(碑)는 언제 누가 세웠는가? 그는 고구려 19대왕으로 일명 영락(永樂)대왕이라 이르는데 이는 연호에서 따낸 칭호인 것이다. 대왕의 사후, 시호는 「국강상광개토경평안호태왕(國岡上廣開土境平安好太王)」으로 광개토대왕은 그 약칭이다.

그는 평생 영토를 넓히는데 주력을 했는데 그 시대의 국력이란 땅이요, 군대였다. 전성기 때의 영토를 보면 남으로는 임진강, 북으로는 지금의 흑룡강, 서쪽으로는 산해관(山海關) 등 만주전체가 그 터전이었다.

이 비의 건립은 왕이 죽은 뒤 414년 장수왕이 대왕의 능과 함께 건립한 것으로 되어 있다. 비의 크기를 보면 높이는 6.39m, 너비 1.35~2m, 고구려 특유의 필체로 14~15cm 정도 크기의 문자를 음각으로 처리했고 44행에 1775자를 새겨 놓았다.

비문내용에선 대왕의 기개와 국토를 넓힌 경위를 기록, 이른바 정복(征服)의 군주로서의 위상을 그대로 적고 있다. 그리고 또 한 갈래는 주몽(朱蒙)의 건국신화를 비롯, 대주류왕(大朱留王)에서 광개토왕에 이르는 혈통, 그리고 碑의 건립경위 등이 새겨져 있다.

비(碑)의 재현에 갖가지 애로가

광개토대왕비의 복제(재현)와 설치장소를 물색하는 데엔 갖가지 어려움이 뒤따랐다. 이 碑의 고증을 캐기 위해 계룡장학재단(이사장 이인구(李麟求))에선 수차례에 걸쳐 현지답사를 한 바 있다.

이인구 이사장을 비롯, 정덕기(전 충대 총장), 서오선(부여박물관장), 장학회 이사진(조중원, 강영구, 윤건원), 필자와 「기술자(石丁)」마저 조사에 임했다.

2~3년에 걸친 치밀한 계획이다 보니 준비기간도 꽤 걸렸다. 오늘에 와서야 이회장의 선경지명에 감탄들을 한다. 현재 중국이 '동북공정' 운운하며 이 비에 멋대로 의미부여를 하며 역사왜곡을 일삼는다.

이젠 우리 한국인은 가까이서 바라볼 수도 없고 사진촬영마저 어렵게 되어 버렸다. 그때 그렇게 서둘지 않았더라면 광개토대왕비는 옛 이야기처럼 구전(口傳)으로 접하는 수밖에 딴 방법이 없었을 것이다.

이인구(李麟求) 회장은 치밀하게 이를 추진해 나갔으며 어느 단면은 007영화에서나 있을 법한 스릴마저 느끼게 했다. 현지에서 있는 비와 똑같은 석질의 엄청난 원석 덩어리를 그곳에서 매입을 했다.

그야말로 뒷동산만한 돌덩이였다. 그것이 만약 복제비였다면 통관이 불가능했을 것이다. 그래서 건축용 석재로 위장, 대련 - 인천항을 거쳐 들여왔다. 그리고 비문을 새길 기술자 역시 현지에서 데려왔다.

글씨 크기 음각 깊이도 원본과 똑같이 새겼다. 그리고 일부 부식된 부분은 그것대로 똑같이 재현해냈다. 그 다음 문제는 비가 들어설 장소였다. 처음엔 인파가 모여드는 둔산동(샘머리공원일대)을 겨냥, 시청과 절충을 했으나 그것이 여의치 않았다.

요청해온 면적을 다 줄 수 없다는 것이고 일각에선 하필이면 고구려왕비냐고 볼멘소리를 했다. 그것은 근시안적인 편견에 다름 아니었다. 그런 논리라면 백제 후예들이 어째서 화랑을 내세우며 경주권을 선망하느냐는 반문 또한 있을 법한 이야기다.

그래서 차선책으로 절충한 곳이 '정신문화원'이었다. 그러다가 독립기념관으로 합의를 보았는데 여기에서 또 이견이 드러났다. 비문의 각이 어떠니 하는 말도 나왔다.

이 사업을 통해 지켜본 이회장의 추진력과 통큰 판단에 모두를 감탄을 했다. 보통사람 같으면 공사비를 내놓았으면 대충 결과보고나 받을 법한데 그는 달랐다.

학술조사단을 직접 이끌고 현지에 뛰어들었고 비신을 캐내는 암반의 석질을 분석하는 한편 손수 잣대를 들고 치소금(계량)을 했다. 현지 중국관서와의 협의, 사업자와의 계약, 중국 기술자들의 독찰 등 몸을 아끼지 않았다.

이 모습을 지켜 본 어느 인사는 "내 돈 써가며 좋은 일하는데도 말이 많은 세상"이라며 안타까워했다. 약 10억을 들인 이 사업은 이렇게 마무리를 했다.

독립기념관 광장에 세워진 이 비는 민족의 진운과 함께 영원할 것이다.

삼학사비(三學士碑) 독립기념관에

삼학사비(三學士碑)가 독립기념관 경내 광개토대왕비 바로 곁에 세워졌다. 이 비 역시 복제(재현)한 것으로 원본은 중국 심양(瀋陽)시 발해대학 교정에 서 있다.

이 비는 병자호란 때 청(淸)국의 침략을 맞아 강화파에 맞서 결사항전을 주장한 홍익한, 윤집, 오달제 등 3학사를 가상히 여겨 청 태종 명에 의해 세운 비다. 청 태종이 개선할 때 불모로 끌고 간 삼학사를 설득시키려 했으나 불사이군(不仕二君)을 고집 끝내 불응을 했다.

청 태종은 이들의 목을 치고 나서 비록 적이지만 그 지조는 본받을 만하다하여 삼한산두(三韓山斗)라는 휘호를 내렸다. 조선의 태산이자 북두라 칭하며 심양 땅에 사당과 비석을 세우고 제사를 지내도록 명한 것으로 전해온다.

그러나 세월이 흐르고 역사가 뒤바뀌는 통에 사당과 비석이 퇴락, 자취를 감춰 버렸다. 그러던 차 어느 농부가 이 비석을 발견

주춧돌로 사용할 목적으로 보관중인 걸 그곳 발해대학 千문갑 학장이 이를 사재로 매입, 대학정원에 보관해 놓았다.

이때는 비석의 기대(基臺)와 머리 부분(蓋頭)이 상실되었을 뿐 아니라 비신도 조각나 있었다. 이 소식을 듣고 계룡장학회 이인구 이사장이 팔을 걷고 나섰다. 후원회장(발해대학) 허창무씨가 소개를 했다. 학계, 언론계 중진은 물론 장학회 이사진과 석정(石丁)까지 인솔 여러 차례 답사를 했다.

이렇듯 삼학사비(三學士碑)를 재현한 뜻은 국난을 당해 몸을 던진 선열들의 그 위용을 후손과 국민들에게 일깨우는 이른바 사회 교육의 장으로 삼기 위해서다. 이들 비는 말할 것이다. 역사와 민족은 영원하리라고…….

비문내용은 고증을 거쳐 각인을 했고 또 저 우람한 광개토대왕비 바로 옆에 세웠다. 비신(碑身)의 총 높이는 390cm, 폭은 83cm, 두께는 26cm로 되어 있다. 이상 비(碑) 이야기를 접는다.

조선통신사(朝鮮通信士)의 기막힌 보고

부소산 낙화암 옆엔 조룡대(釣龍臺)라는 큰 바위가 있는데 세인들은 당나라 소정방이 그 바위에서 백마대가리를 미끼로 용을 낚았다고 믿는다. 소정방이 부여를 공략하려는데 백마강에 갑자기 짙은 안개가 끼어 진격이 어렵게 되자 용의 조화라 해서 백마머리를 미끼로 용을 낚아 올렸다.

그래서 조룡대라 전해 온다. 또, 소정방이 용을 낚을 때 무릎을 꿇은 그 자리가 푹 패어 있다. 그러나 이는 전설이요, 야사일 뿐이다. 아무리 역발산의 장수라 할지라도 무릎 꿇은 바위에 흠집을 낼 수 있단 말인가.

그렇다면 조룡대는 백제왕(용)이 낚시질한 바위라는 게 정답이 될 것이다. 어떻든 정사보다는 야사가 듣기에 재미있다. '조선통신사'에 있어서도 예외 없이 야사는 뒤따른다.

임진왜란이 발발하기 전, 9개월 동안 일본에 머물며 침략징후를 탐지해온 통신사들의 그 보고내용만 봐도 그렇다. 그때 김성

일은 침략징후가 보이질 않는다고 보고를 했고 황윤길, 허성일은 '꼭 병화(兵禍)를 일으킬 인물'이라고 아뢰었다.

그러나 임금은 김성일의 손을 들어줬다. 김성일은 퇴계의 문하로 강직한 선비였지만 동행했던 황(黃)과 허(許) 두 사람은 서인이고 자신은 동인이다 보니 이들과 입을 맞추기 싫었던 것이다.

조선조시대의 선비들은 이렇듯 파쟁을 일삼았다. 그 결과 김성일이 보고한 대로 조정에선 성곽의 보수, 병력증강, 훈련과 대비를 외면했다가 크나큰 화를 당했다.

여기에도 야사는 따르고 있다. 통신사로 일본에 건너간 인원은 300~500명 선인데 돌아와서 보고한 내용은 구구각색이었던 모양이다. 또 다른 통신사 중에도 전쟁은 결코 일어나지 않을 것이라고 보고한 자가 있었다. 그는 '풍신수길'의 관상을 보고 점을 쳤다는 것이나. 물론 야사다.

상오(골상)가 꼭 독사처럼 생겨먹었으니 독사란 원래 물을 좋아하지 않기 때문에 현해탄(대한해협) 같은 바다를 건너오지 못할 것이리 단정했다. 또 한 사람은 골상이 독사가 아니라 원숭이 상오라 해서 원숭이 역시 큰 바다를 기피할 것이라 했다는 게 아닌가.

아무리 그렇다 하더라도 관상이나 살피는 통신사라니…….

'괴테'와 '갈릴레오'

우리 동양뿐 아니라 선진 서구에서도 정사는 가려지고 야사가 행세하는 소위 일식(日蝕)현상을 우리는 흔히 보아온다. 저 유명한 지동설(地動說)과 천동설(天動說)의 경우만 해도 선후가 바뀌어 있다고 보는 이가 적지 않다. 일반적으로 교회나 대사교(大司教)의 횡포만 전해지고 있다는 평 또한 만만치 않다.

그때는 교회가 정치관여를 공공연하게 할 때가 돼서 한 사람의 위대한 과학자를 옹호하기보다는 교파와 민심을 더 걱정했다는 충정 같은 건 별로 알려진 게 없다.

'코페르니쿠스'가 곤혹을 치룬 것은 사실이며 '갈릴레오' 또한 수난을 당했다지만 실제와는 다르다는 이야기다. 교회가 지동설의 오류를 포고하고 '갈릴레오'를 재판에 회부한 것은 사실이다. 과학자 갈릴레오에겐 더 없이 부당한 재판이었다.

문제의 저서 천문학대화(天文學對話)는 옛 친구 교황 '우르바노 8세'의 허가를 얻고 출판을 한 것이다. 교회 측의 공기가 험악한 것을 알고 재판관은 한밤중에 슬그머니 「갈릴레오」를 찾아가 설득시켰다는 것이다. 여기에서 69세의 노학자는 지조를 굽히고 양보하기에 이른다.

그러나 역사에서는 종신금고를 받으면서도 "그래도 지구는 돈다."라고 큰소리친 걸로 전해진다. 하지만 전향한 '갈릴레오'에겐 판결의 완화는 물론 '시에느' 대사교는 연구와 저작의 지원은 물론 방문까지 허락했다는 게 유력한 설이라 한다.

이렇듯 역사적인 대사건이나 인물은 과대포장을 하기도 하고 미화의 선을 넘어 신격화하는 경우가 없지 않다. 또 한 예를 들어 보자.

'파우스트', '젊은 베르테르의 설움' 등으로 유명한 4대 시성 중 한 사람 '괴테'가 숨을 거두는 장면은 어떠했는가. "창문을 열어다오! 그리고 빛을!"하고 죽어가면서 외친 걸로 되어 있다.

이렇듯 죽는 순간에도 아름다운 시 구절을 외친 걸로 세상은 알고 있지만 이는 사실과 다르다. 깔딱깔딱 숨이 끊어지려는 순간 어둡고 답답한 나머지 창문을 열라고 외친 것이 아니겠는가? 그러니 정사보다 야사가 행세하는 일이 없지 않다.

혈순당(血脣堂) 이야기는 '픽션'

40여 년 전 일이다. 지금 들춰보면 얼굴이 확확 달아오르는 그 알량한 내용의 「百濟七百年」 그 책 속에 「血脣堂」 이야기가 포함되어 있다. 이 졸문은 무령왕릉 발굴 때 받은 충격으로 야사(野史)형식을 빌려 써 본 픽션이다.

때문에 믿거나말거나 식의 30대 젊은 혈기로 끼적거린 졸문이라는 걸 우선 밝혀둔다. 무령왕릉 발굴 때 받은 충격이란 이런 것이다. 그때 무덤에선 '지석'을 비롯해 썩은 목관, 온갖 부장품, 쇠신발, 요대, 대검 등이 쏟아져 나왔다.

그러나 왕관이 나오지 않아 어느 기자가 "단장님 백제 때는 왕관이 없었습니까?" 그저 한마디 던져 본 말이었다. 이에 발굴단장 역시 지나치는 말처럼 답을 했다. "백제에는 왕관이 없었습니다." 라고.

그러나 얼마 안 가 그 찬란한 왕관의 장식(화염문)이 발견되었다. 왕관과 두개골은 모두 부식해서 가라앉고 천정에서 내려온 나무뿌리(세근) 등이 그 관식을 감싸 버려 마지막 청소 과정에서 그것을 발견했다.

그 바람에 발굴단장은 "정정합니다. 백제에도 왕관이 있었습니다." 이렇게 나오자 장내에선 폭소가 터졌다. 아시아의 석학이라 자처하는 단장도 백제를 이렇듯 우습게 보아왔던 것이다.

인디언 또는 남양의 사모아족과 아프리카 원주민 추장에게도 수장의 표지는 있기 마련인데……. 필자는 여기에 자극을 받아 공주, 부여를 자주 찾았고 학자들이 무관심하다면 기자라도 나서야 한다는 생각에 만용을 부려 본 것이다. 치졸하지만 그대로 옮겨보자.

해변에서 있었던 일로 서산, 보령지방이라 해도 상관이 없다. 어떻든 그곳에 남매가 살고 있었다. 남동생은 '맷돌'이라 해도 그만이고 돌이라 부른대도 문제될 것이 없다.

누이는 '채옥'이라 했는데 백제시대 민초(民草)들에겐 성(姓)이라는 게 없고 양반이라야 성을 가질 수 있었다니 굳이 '돌이' 남매의 성(姓)을 따질 필요가 없다.

그 무렵엔 解씨, 眞씨, 沙宅씨 木형씨, 燕씨, 白씨, 國씨, 扶餘씨 등 겨우 여덟 가지 성이 행세를 했다니 웃음이 절로 나온다. 어떻든 '돌이'는 누나와 단둘이 해변에서 살고 있었다.

과년한 누나에겐 약혼자가 있었는데 그는 어부로, 고기잡이에 나갔다가 태풍을 만나 안타깝게도 익사를 했다. 그러니 남매의 슬픔이 어떠했겠는가. 사태가 이에 이르러 누나 '채옥'은 슬픔을 가눌 길 없어 약혼자를 앗아간 바다에 몸을 던져 뒤따라갔다.

동생 '돌이'는 이 예기치 않은 충격에 한숨의 나날을 보내던 중 누나를 그리는 마음에 대청 벽에다 누나의 초상화를 그리기 시작했다. 비록 화구(畵具)를 갖지 못한 그였지만 그림 솜씨가 뛰어난 그는 갖가지 풀잎과 꽃송이를 짓이겨 물감을 대신하여 몇 달 만에 초상화를 완성시켰다.

이 그림은 윗니로 아래 입술을 지그시 깨물고 약혼자를 앗아간 한 맺힌 바다를 응시하는 그림으로 더 없는 걸작이었다. '돌이'는 누나의 초상화와 일상 대화를 나누는 한편 물론 조석으로 상식(上食)을 올렸다.

그러던 어느 날 저녁 무렵 젊은 나그네가 찾아와 하룻밤 재워 줄 것을 요청, 이를 받아들였다. 이튿날 아침, 나그네는 이 그림을 보는 순간 불순한 충동에 슬그머니 벽에 그려놓은 여인의 입술에 입을 맞추고 말았는데 이때였다.

별안간 벽이 흔들리고 대청마루가 진동하더니 그 초상화와 입술에선 낭자하게 선혈이 흐르는 게 아닌가. 이에 크게 놀란 나그네는 죄책감에 진혼(鎭魂)의 굿을 올리고 거듭거듭 '돌이'에게 사죄를 했다.

이 소식이 이웃으로 전해지자 마을 사람들은 뜻을 모아 사당을 짓고 혈순당(血脣堂)이라는 현판까지 달아주었다. 이는 백제 여인들의 정절(貞節)과 백제인의 그림솜씨를 알리는 뜻에서 필자가 지어낸 '픽션'이다. 그러니 굳이 따진다면 이 또한 야사다.

충남도와 「구마모토」의 결연

공주읍(邑)과 「기쿠스이(菊水町)」가 자매를 맺자 교류는 한층 열기를 더해갔다. 가을철 「백제문화제」 때면 「기쿠스이」에서 100여 명씩 건너와 공주여관과 유성관광호텔은 아연 활기를 띄고 있었다.

공주를 자주 찾은 인사로는 「사카모토(坂本豊)」 정장과 RKK TV 「이즈노(伊津野拓也)」 기자를 빼놓을 수가 없다. 그들이 얼마나 백제문화에 빠져있었는가 하면 다음 사례를 보면 알 수 있다.

「사카모토」 정장은 자신이 「도래계(渡來系)」 후예라며 공주에 오면 고향에 들른 듯 마음이 편하다고 했고 또 한 사람 「이즈노」 기자는 젊은이답지 않게 예의 바른 언론인이었다.

그가 공주에 왔을 때 한 유지가 그의 방에 아가씨를 밀어 넣었지만 그는 세 차례나 그 방에서 그녀를 밀어냈다고 했다. 다음날 필자는 그에게 '혹 결벽증 같은 것이 있는 것이 아니냐?'고 묻자 이렇게 나왔다.

"선배님! 성지(聖地) 참배를 하러왔으니 몸을 씻고 기도하는 마음으로 밤을 보내야 한다는 생각에…."하고 얼버무렸다. 이렇듯 호감이 가는 젊은 기자였다.

자매열연 전야(前夜)

공주와 「기쿠스이」가 결연을 하고 4년 후 충남도와 「구마모토(熊本)」현이 자매를 맺자 이어 「한 · 일 친선협회」라는 조직이 발족, 각 시도에 간판을 내걸고 상공회의소 회장이 자동 회장직을 맡았다.

초대는 송덕영씨가, 그리고 81년엔 이인구씨 상공회의소 회장이 맡았다. 부회장은 김용문씨와 필자가 그리고 간사엔 일솜씨가 능란한 조중원씨, 고문은 이면상(대전의사협회장)씨가 전면에 나섰다.

자매결연을 전후해서 오늘에 이르기까지 거기에는 숱한 일화가 숨어있다. 공주와 「기쿠스이」가 자매를 맺고 4년 후 도 · 현(道 · 縣) 간 결연까지 물밑 작업이 부단하게 이뤄졌다.

80년대(5공)초 일이다. 그때 이계완 지사(장성 출신)에게 필자는 자매이야기를 꺼냈다가 술자리를 깬 일까지 있었다. 이 지사와 조성옥 신부 그리고 필자와 셋이 만난 자리가 그 모양이 되어 버렸다.

고집불통이란 걸 감지하고 필자는 조(趙) 신부를 앞세워 설득하려 했으나 군 장성 출신인 이 지사는 외교나 친선 따위엔 아예 관심이 없는 듯했다. 우리 셋은 서산 출신이라서 통할 줄 알았는데 그게 아니었다.

조 신부는「군종신부」출신으로 이지사와 초급장교시절부터 '너니 내니'하고 지내온 사이지만 친선이나 결연 따위엔 아예 흥미가 없는 듯 했다.

"신문이나 잘 만들 일이지 때가 어느 때인데 미국도 아닌 일본과 자매 타령이냐?"며 볼멘소리를 하고 있었다. 통할 것 같지 않은데다 훈계조로 나오는 바람에 그만 필자가 언성을 높이고 말았다. 방언(放言)체질인데다가 술까지 거나했으니….

"성(형)님! 참으로 딱도 하슈. 감각(정세)이 그 지경이니 출세길이 걱정스럽구먼유. 역대 충남지사는 모두 영전을 했는데 말이유. 예를 들면 정석모, 서정화 지사는 내무부장관으로 김윤환 지사는 중앙농협회장, 윤태호 지사는 삼성 장군으로 승진을 했는데 성님은 평생 울었구먼유." 하자 이 지사가 술잔을 내던지는 바람에 아가씨들의 얼굴표정이 일그러져 있었다.

"후배라는 자가 말버릇이 그 따위야!"하고 튕겨지듯 자리를 박차고 일어서자 이번엔 조 신부가 홍분을 했다. "융통성 없기는 예나 지금이나…." 자리를 뜨는 이 지사 등에 대고 내뱉는 말이었다.

내친 김에 필자도 막말을 했다. 전두환 대통령이 일본총리와 만나는 건 일본이 좋아서 하는 일이냐며 밀어붙였다. 하지만, 필자는 지금도 그때 일을 후회하고 있다. 세련미 없는 자신의 언행에 대해….

이때 조 신부는 "안 국장! 우리 남은 술이나 치우고 가자구!" 하는 바람에 밤새 퍼마신 기억이 어제 일처럼 떠오른다. 조 신부는 필자에겐 형님처럼 다정한 분이었는데 일찍이 세상을 떴다.

이 일이 있은 후 이 지사는 충남을 떠났고 후임에 유흥수 지사가 부임을 해왔다. 이틀 후던가. 저녁이나 하자고해서 기회다 싶어 마주 앉아 친선이야기를 꺼내자 일언지하에 "합시다!"하고 즉답을 한다.

서울대를 나와 고시를 거쳐 경찰에 입문 외사과에서 일본 담당을 한 바 있는 그는 전두환 대통령과 동향이라 했다. 해인사 밑 시골 태생, '야로면' 출신이라며…. "고노야로! 빠가야로!"하는 '야로면' 출신이라며 우스개를 늘어놓던 유 지사였다.

며칠 후 유 지사가 만나자기에 나가보니 첫 마디가 내일 '구마모토'엘 다녀오라는 것이다. 당시만 해도 여권을 내려면 최소 한 달은 걸릴 때였다. 필자는 그간 단수여권을 가지고 일본을 다녀온 지 한 달이 채 안되어 자리뜨기가 어렵다고 하자 그는 난감해 했다.

이때 친선협회(상공회의소) 이인구 회장과 의논해보는 게 좋겠다며 필자는 한 발 비켜섰다. 일처리에 능한 이인구 회장은 김용문 부회장을 시켜 '구마모토'를 다녀오도록 했다.

김 부회장은 「사와타(精田一誠)」 지사를 방문 자매결연 원칙과 일자를 정하고 돌아와 준비를 서둘렀다. 이미 물밑작업을 해 놓은 상태였기 때문에 별 문제는 없었다. 그렇게 해서 1983년 10월 20일, 양 도·현은 자매를 체결했다.

요즘은 해외나들이와 국제간 자매결연이 유행처럼 되어 있지만 80년대 초 도(道)단위 결연이란 엄두도 못 낼 때였다. 자매결연 전날 우리는 충남대표단을 결성하고 이튿날 김포공항에서 KAL에 탑승, '후쿠오카' 공항에 내렸다. 일본 측에선 이미 영접차를 대기시키고 있었다.

이쪽에선 유흥수 지사와 기획관리실장 김주봉 (후에 대전시장 역임), 민간대표로는 이인구(李麟求) 상의회장, 조중원 간사, 이면상, 김용문, 박선규, 장경배, 박호달, 오웅준 그리고 기업인과 유지들이었다. 모두 상기된 표정으로 결연식에 임했다.

「한·일 친선협회」 태동

자매결연 당일 「구마모토」 측은 어수선한 분위기였다. 새로 당선된 「호소카와」 지사는 부임 전이었고 「사와타」 지사는 임기를 끝내고 참의원에 출마 선거운동을 벌일 때였으니…. 그런 탓에 도착 전날엔 이렇다 할 행사 같은 것은 없었다.

간단하게 저녁식사를 마치고 우리 일행은 삼삼오오 밤거리관

광에 나섰는데 일제 때 대전 중학출신 「시모가와(下川)」씨 등의 안내로 대고(大高)출신들은 따로 어울리는 분위기였다.

필자는 「구마니치(熊日)」, 「히라노(平野敏也)」 논설위원장과 TV의 「이즈노(伊津野)」기자와 함께 「무궁화회」가 마련한 연회장에 나가 마실 만큼 마시고 11시 넘어 호텔에 돌아오니 메모가 기다리고 있었다. 유홍수 지사의 전갈이었다.

이윽고 전화벨이 울려 받아보니 잔뜩 술에 취한 유 지사의 목소리다. 지금 택시를 보낼 테니 곧장 달려오라는 것이다. 찾아가 보니 이 어찌된 일인가? 술집 으슥한 곳에 유 지사와 기획관리실장 김주봉씨가 마주 앉아 술잔을 기울이고 있었다.

"나, 유홍수만 따돌리고 이래도 되는 거요!"하는 식으로 나왔다. "아이구. 국빈대우는커녕 꽁지 빠진 수탉 모양으로 꼬락서니 치곤…."하자 유 지사가 버럭 화를 내는 것이었다.

이때 김 실장이 내 귀에 대고 "형님! 그렇지 않아도 지사님 심기가 불편하신데 제발…."하며 김 실장이 손을 싹싹 비비는 시늉을 한다. 속으로 "이놈의 주둥아리가…."하고 필자는 순간 후회를 했다.

그런 줄도 모르고 필자는 柳지사가 일본 지사와 깊숙한 곳에서 「샤미셍(三味線)」을 뜯으며 「게이샤(藝者)」 틈에서 즐기는 줄 알았다. 일본 「무궁화會」에 불려가 맘껏 마시고 막 호텔에 돌아온 참이었다.

이렇게 된 데엔 「구마모토」 신임 지사는 부임 전이고 전임 지사는 떠났기 때문에 공교롭게 일이 이쯤 된 것을 나중에 알게 되었다. 하지만 도·현 간에 결연식은 무난하게 치러졌다.

일본 측은 「구마모토」의 전통 민요와 「엥카」에 그들 특유의 「춤사위(오도리)」를 들고 나와 분위기를 한껏 돋우었다. 그 다음날 柳홍수 지사는 민단(民團) 간부들을 초청, 조찬을 나누며 그들의 생활상을 청취했고 이어 민단 사무실을 찾아 격려를 아끼지 않았다.

그 다음엔 '구마모토' 성(城)과 '슈젠지' 공원, 불타는 '아소산(阿蘇山)' 그리고 '아마쿠사(天草)' 해상국립공원, 세계 제일이라는 '샤보덴' 공원, 말 목장 등을 살펴봤다. 그 다음날은 「가고시마」 공항에서 JAL에 탑승, 도쿄로 날아갔다.

당당한 모습의 유흥수 지사

우리 일행은 JAL의 2층 귀빈석에 안내를 받는 등 국빈대우를 받았다. 도쿄에 내려서는 저 유명한 '디즈니랜드'를 비롯 도쿄의 명소를 돌아보았다.

그날 밤 호텔에서 유흥수 지사가 부르기에 특실에 들어가 보니 "안 국장! 나 먼저 떠나야겠어요. 하루쯤 더 묵고 가려했는데 청와대 전통을 받았으니…." 하고 귀띔을 해주었다.

유 지사는 그 후 충남을 떠났다. 그는 능력이나 배경(영남), 인품 등을 볼 때 지사에 머물지 않고 장관으로 승진할 것이라는 소문은 일찍부터 나돌았다.

그는 교통부 차관을 거쳐 청와대로 들어갔고 이어 국회의원, 주일대사까지 역임한 인물이다. 그가 일본에서 보여준 매너는 그쪽 사람들과 우리 민단에게 깊은 감명을 주었다.

이렇듯 자매를 맺고 나서 민간 교류는 괄목할 만한 성과로 확산되어갔고 거기엔 이인구 회장의 공로를 외면할 길이 없다. 그 발자취는 따로 다룰 계획을 갖고 있다.

자매결연을 튼 당자, 유흥수 지사보다 환대를 받은 것은 후임 安응모 지사였다. 속담에 '목수는 남을 위해 집을 짓는다.'느니 다리를 놓고 나면 금테안경에 회중시계를 번쩍이며 '스틱'을 내젓고 건너는 자 따로 있다 했던가.

한 · 일 의원연맹 동경(東京)대회

아직도 한국인들은 일본에 대해 매우 불편한 이웃으로 치부하는 경향이 있는데 그 까닭은 역사적으로 한민족의 시혜(施惠)를 수없이 입고서도 보답은커녕 틈만 보이면 침략을 서슴지 않았기 때문이다. 지금도 마찬가지다. 미국의 「핵우산」 아래서 공룡처럼 성장하고서도 인류에 공헌할 줄 모른다는 여론에 휩싸여 있다.

그래서 한국이 일본을 미워한다는 걸 그들 자신도 잘 알고 있는 것이다. 언제 일이던가. 아사히신문 특집에서 한국인의 「대일관」은 아직도 호의적인 것이 못된다고 대서특필한 일이 있다.

예를 들면 '일본의 역사는 도대체 몇 년이 되는가?' '한국은 오천년 역사를 지닌 민족국가이다' 이에 반해 '일본은 왜소한 섬나라가 아닌가?' '근성과 파워'는 대단하나 문명에 관한한 한국이 단연 선진국이라 자부한다고 떠들어댔다.

한국민의 피해의식은 다분히 감정적인 것이 되어 일본을 '악질', '군국주의로 회귀할 위험성이 있는 나라', 한국동란 때 '떼돈을 번 경제동물' 등으로 평가한다고 그들 언론은 분석했다. 국교를 튼 지 42년. 그러나 아직도 불편하기 이를 데 없는 이웃이 일본인데 한국에겐 일본이 '플러스'와 '알파'로 직결되는 존재라는 것이다.

바꿔 말하면 양국이 협력할 때 쌍방에 도움이 되는데도 일본은 늘 독선적이라 해서 '쪽바리', '경제동물', '쩨쩨한 집단'이라 폄하하지만 그러나, 일본은 결코 작은 나라가 아니다. 지도를 펼쳐 봐도 면적은 우리(남북한)의 1.71배, 인구(남북한) 또한 2.14배이다. 그럼 소득은 어떠한가. 3만 달러로 미국에 이어 세계 제2의 경제 대국이 아닌가.

「등소평 방일」김 빼기 작전

60~70년대까지도 세계의 눈은 일본을 완충지대(No-mans-land)라 과소평가해왔으나 오늘에 와선 경제 · 정치 · 문화 · 예술 모두에서 세계의 중심에 우뚝 서 있는 걸 엿볼 수 있다. 이제 일본은 '제3지대'에서 주판알이나 두들기며 안주할 수 없다 해서 유사입법(有事立法)을 통과시키고 군사대국으로 부상하고 있다.

지난 70년대 후반 중국의 등소평이 도쿄에 건너와 '후쿠다' 총리와 회담을 열기 직전 기선을 잡기 위해 한 · 일 의원연맹(친선대회)이 도쿄에서 친선대회를 가졌다. 당시 우리는 중국과는 수교가 없었을 뿐 아니라 중공(中共)하면 개념상, 「제1의 적」이었다.

그러나 이미 60년대 「존슨」 미 대통령이 북경을 방문한 바 있고 재빨리 일본 경제인단이 「대륙이 밝아온다! 중국 인구는 4억이다. 구두 한 켤레씩만 팔아먹어도 4억 켤레가 아닌가?」 이렇게 들 떠 있을 때 「등소평」이 도쿄에 오기로 되어 있었다.

이때 김종필 전 국무총리를 단장으로 170명의 한국대표단은 「가깝고도 먼 나라」 일본의 「나리타(成田)」 공항에 내렸다. '뉴오타니'호텔에 여장을 풀자마자 「시이나」 전 일본외상이 베푸는 리셉션이 있다 해서 참석해보니 굉장히 넓은 홀이었다.

한 · 일 대표단과 한국민단(교포)이 대거 참석, 홀은 입추의 여지가 없는데 '후쿠다' 총리 '시이나' 전 외상 등이 나와 있었다. 「후쿠다」 총리는 연설에서 '새마을사업으로 부흥한 한국경제는 눈부신 바가 있고…', '박대통령 영도 하에 발전해온 걸 보고 감탄했다'고 덕담을 연발했다.

그 다음은 김종필 단장의 연설 차례였다. 「13년 전 단신으로 일본에 건너와 국교를 튼 게 엊그제 같은데…」로 시작, 한 · 일 친선은 시대적 소명이라는 연설에 박수가 터져 나왔다. 「시이나」 前 외상도 당시를 회고하며 두 나라의 우호를 강조했고, 양측 대표들은 손에 손에 축배를 들고 서로의 앞날과 친선을 다지며 시간가는 줄 몰랐다.

한 · 일 친선대회에 일본총리가 나와 연설을 한 것도 이번이 처음이라니, 이는 우리 국력이 그만큼 신장했음을 말해주는 증거였다.

한 · 일 협력은 시대적 요청

사흘째인 10월 20일. 도쿄「아사구사(淺草)」극장은 인산인해를 이루었다. 동양 제일가는 극장에서 두 나라 대표단은 '우호와 친선'을 외치며 평화와 번영을 합창한 것이다. 오후 2시 양국의 국가연주에 이어 '대회선언문'을 채택했는데 그 내용은 다음과 같다.

① 한 · 일 양국은 참된 친목과 이해를 통해 부동의 협력 체제를 구축, 자유와 평화, 안정과 번영을 지향한다.

② 우리는 한반도의 안전이 일본의 번영과 직결된다는 점을 직시, 한반도에 대한 여하한 침략기도도 이를 분쇄하며, 특히 북한에 이로운 일체의 행동을 배격한다.

③ 우리는 한반도의 평화통일을 염원하는 까닭에 남북대화를 촉구한다. 그리고 대한민국이 제안한「남북불가침협정」,「유엔 동시 가입」,「경제협력」등 현실적인 조치를 지지, 이에 반하는 갖가지 국제적 음모에 강력 대치한다.

전날 밤 파티에서「후쿠다」총리 역시 한 · 일 친선은 시대적 요청이요, 숙명이라는 점에 억양을 높였고 한국 측 김종필 단장의 연설은 장내의 눈을 끌었다. 이에 「조총련계」가 시기한 나머지 대회장 주변에 출몰할지 모른다는 설이 나돌았으나 워낙 짜임새 있는 대회가 되어 아무런 불상사도 없었다.

김종필 단장은 연설에서 옛날의 정치윤리(政治倫理)란 먼 자와 손을 잡고 가까운 이웃을 친다는 소위 원교근공(遠交近攻) 등식을 추구했으나 현대는 먼 자와도 친하고 가까운 이웃과는 더욱 가깝게 지내야 한다고 말해 우레 같은 박수를 받았다.

이번 대회가 있기까지 우리 측 이병희 간사장, 최영철 의원, 조일제 전공사, 주일대사관 전재덕씨 등은 일본열도를 뛰어다녔고 일본에선 「야마나카(山中貞則)」, 「가토(加藤六月)」, 「나카가와(中川一郎)」, 「우노(宇野宗佑)」 의원 등이 소매를 걷고 나섰다는 후문이었다.

이날 김종필 단장이 일어(日語)로 연설을 한데 대해 "통역이 얼마든지 있는데 왜 대표가 굳이 일어 연설이냐?"는 필자의 말에 이병희 간사장은 "신문기자 티를 작작 내시오!" 핀잔을 주는 게 아니던가. 일어로 하는 게 현장감이 있다며 JP를 두둔하고 나섰다.

그때 여론은 중국의 실세 등소평(鄧小平)이 일본 방문 때문에 한일 친선대회가 맥 빠진 행사가 되리라 내다봤던 모양이다. 하지만 대회는 성황리에 끝났고 「등소평」 바람을 견제한 셈이었다. 등소평은 그 후 일본지도자들 앞에서 「우리는 단돈 100엔이 아쉽다」며 저자세 외교를 펼치고 돌아갔다.

이젠 일인들의 한국관도 이렇듯 많이 달라져 한 때는 「못사는 나라」, 「골치 아픈 이웃」이라던 게 「무시 못 할 민족」으로 시야가 변해가고 있는 것이다. 공사석에서 그들은 한국경제가 일본의 턱밑까지 바싹 따라붙는 게 아닌가? 경계하는 표정이 역력했다.

양국이 선 보인 민속잔치

친선대회 제 2부에서 일본 측은 「사쿠라」, 「가을노래」 등의 민요와 우리의 「젓대」에 해당하는 「샤쿠하치(尺八)」와 큰 북 「조로쿠다이코(助六大鼓)」를 들고 나왔고 우리 측은 「화관무」, 「대금 독주」, 「승무」, 「살풀이」, 「부채춤」을 선보여 큰 박수를 받았다.

이미자 씨 장녀 「정재은」 양의 노래도 눈을 끌었다. 이렇듯 공연은 성황리에 막을 내렸는데 등소평이 도쿄에 온다는 소식에 담벽과 전주엔 삐라가 나붙어 있었다. 「등소평을 조포(弔砲)로 맞는다」라는 격한 내용의 것인데 일본극우파에서 내붙인 것으로 짐작이 가나 어떻든 당시 분위기는 그러했다.

우리 측 대표 중에는 대전 출신 박병배(통일당), 박찬(신민), 황명수(신민) 의원 등이 참가하고 있었다. 박병배 당수는 오나가나 걸쭉한 입심에 그 특유의 체취를 풍기며 '당은 다르지만 도와주려 왔어.' 이렇게 말머리를 꺼냈다.

'일본역사나 그들의 전략은 나한테 물어보라고!' 큰소리치는 박

의원. 국제정세에도 일가견을 갖고 있는 그는 일본 정객들과 식사를 나누면서도 막말을 하고 있었다. '후쿠다' 총리의 비밀요정에서 걸쭉하게 술대접을 안 하면 나 까발릴 게 있어! 황실 모여인과 막가사(맥아더-일본발음)와의 스캔들 말이야….

이렇게 나오자 일본정객은 안절부절 못하고 있었다. 물론 친분 있는 사이라 했다. 우리 일행인 정종학 교수는 동경대 교환 교수로 근무한 적이 있어 길눈이 밝았고 이면상(충남의사회장)은 일본 동창(대전중학교)들에 둘러싸여 '너~ 이놈!'하며 술잔을 기울이는데 이 회장을 「보스」라고 부르는 이까지 있었다.

이중 조폐공사 강영구 실장은 일어보다 영어실력이 낫다 해서 일인들이 연신 술잔을 권했다. 중앙지는 도쿄에 특파원을 두고 있지만 지방지에서 도쿄취재란 당시로선 상상을 못할 때였다.

그때 도쿄에 건너가 회의장을 누비고 다닌 게 엊그제처럼 머릿속에선 필름이 돌아간다. 속된 표현으로 먼지를 이고 있는 「스크랩」을 뒤적거리는 그런 기분이다.

안영진의 문화기행
안영진 수필집

발행일 | 2018년 1월 31일
지은이 | 안영진
발행인 | 李憲錫
발행처 | 오늘의문학사
출판등록 | 제55호(1993년 6월 23일)
주 소 | 대전광역시 동구 대전로 867번길 52(한밭오피스텔 401호)
전화번호 | (042)624-2980
팩시밀리 | (042)628-2983
전자우편 | hs2980@hanmail.net
카 페 | cafe.daum.net/gljang(문학사랑 글짱들)
| cafe.daum.net/art-i-ma(아트매거진)

공급처 | 한국출판협동조합
주문전화 | (070)7119-1752
팩시밀리 | (031)944-8234~6

ISBN 978-89-5669-892-2
값 15,000원

* 이 책은 교보문고에서 E-Book(전자책)으로 제작 · 판매합니다.
* 잘못 제작된 책은 바꾸어 드립니다.
* 이 책은 대전광역시 와 대전문화재단 에서 사업비 일부를 지원받았습니다.